TRES ENSAYOS PARA UNA TEORÍA SEXUAL

SIGMUND FREUD

Traducido por
LUIS LÓPEZ BALLESTEROS

ALICIA EDITIONS

ÍNDICE

Prólogo a la segunda edición 1909   vii
Prólogo de la tercera edición 1914 [1915]   ix
Prólogo de la cuarta edición   xi

LAS ABERRACIONES SEXUALES

1. Desviaciones respecto al objeto sexual   3
2. Desviaciones relativas al fin sexual   12
3. Generalidades sobre las perversiones en conjunto   19
4. El instinto sexual en los neuróticos   22
5. Instintos parciales y zonas erógenas   26
6. Explicación del aparente predominio de la sexualidad perversa en las psiconeurosis   28
7. Indicación del infantilismo de la sexualidad   30

LA SEXUALIDAD INFANTIL

1. El período de latencia sexual de la infancia y sus interrupciones   37
2. Manifestaciones de la sexualidad infantil   39
3. El fin sexual de la sexualidad infantil   42
4. Las manifestaciones sexuales masturbatorias   44
5. La investigación sexual infantil   51
6. Fases evolutivas de la organización sexual   54
7. Fuentes de la sexualidad infantil   57

LA METAMORFOSIS DE LA PUBERTAD

1. Primacía de las zonas genitales y placer preliminar   65
2. El problema de la excitación sexual   69
3. La teoría de la libido   72
4. Diferenciación de los sexos   74
5. El hallazgo de objeto   77

SÍNTESIS   83

— 1856-1939 —

PRÓLOGO A LA SEGUNDA EDICIÓN 1909

Lejos está el autor de esta pequeña obra de ilusionarse por ella dadas las deficiencias y oscuridades que contiene. Pese a todo ha resistido la tentación de introducir en ella resultados de investigaciones de los últimos cinco años, con el propósito de no destruir su unidad y su carácter documentario. Por consiguiente, ha reimpreso el texto original con pequeñas modificaciones, contentándose con añadir unas pocas notas al pie de página. Su más ferviente deseo es que el libro crezca rápidamente y que lo que un tiempo fue novedad sea algo aceptado por todos y que lo que era imperfecto sea reemplazado por algo mejor.

Viena, diciembre 1909.

PRÓLOGO DE LA TERCERA EDICIÓN 1914 [1915]

Habiendo observado durante un decenio la recepción y la influencia que tuvo este libro, quisiera dotar su tercera edición con algunas advertencias destinadas a evitar malentendidos y pretensiones desmesuradas que pudieran planteársele. Por tanto, señalaré ante todo que la presente exposición parte siempre de la experiencia médica cotidiana, procurando profundizarla y conferirle significación científica merced a los resultados de la investigación psicoanalítica. Estos Tres ensayos para una teoría sexual no pueden contener sino lo que el psicoanálisis obliga a aceptar o permite confirmar. De ahí que sea imposible ampliarlos jamás hasta integrar una completa «teoría sexual», y comprensible que ni siquiera adopten posición frente a muchos problemas importantes de la vida sexual. Pero no se crea que por eso que dichos capítulos omitidos del magno tema quedaron ignorados por el autor o fueron relegados por considerarlos accesorios.

Mas la subordinación de este trabajo, a las experiencias psicoanalíticas que estimularon su redacción no se expresa únicamente en la selección del material, sino también en su disposición. En todas sus partes se mantiene determinada jerarquía: los factores accidentales ocupan el primer plano, mientras que los disposicionales quedan en el fondo; la evolución ontogenética se considera con preferencia a la filogenética. Sucede que lo accidental desempeña en el análisis el principal papel y puede ser elaborado casi íntegramente por éste; lo disposicional, en cambio, sólo surge tras lo accidental, como algo evocado por lo vivenciado, pero cuya consideración excedería ampliamente el campo de acción del psicoanálisis.

Análogas condiciones dominan la relación entre ontogenia y filogenia. La ontogenia puede ser considerada como repetición de la filogenia, en la medida en que ésta no sea modificada por vivencias más recientes.

La disposición filogenética se manifiesta tras el proceso ontogenético. En el fondo, empero; la disposición no es sino el sedimento de las vivencias pretéritas de la especie, a las cuales se agregan las vivencias más recientes del individuo como suma de los factores accidentales.

Junto a la constante subordinación a la investigación psicoanalítica, debo destacar, como característica de este trabajo mío, la deliberada independencia de la investigación biológica. He procurado evitar la introducción de expectativas científicas basadas en la biología sexual general o en la de especies determinadas en este estudio, al cual la técnica del psicoanálisis nos permite someter la función sexual del ser humano. Cierto es que mi objetivo consistía en explorar las nociones que la investigación psicológica puede aportar a la biología de la vida sexual humana. De tal manera logré señalar conexiones y analogías que resultan de esta exploración; mas no por ello hubo de confundirme la circunstancia de que el método, psicoanalítico condujera en muchos puntos importantes a concepciones y resultados que discrepaban apreciablemente de los fundados únicamente en la biología.

En esta tercera edición he introducido numerosas adiciones, pero renuncié a individualizarlas en el texto, como en ediciones anteriores. La labor científica en nuestro campo de estudio ha moderado actualmente el ritmo de sus progresos, pero ciertos complementos a este trabajo eran imprescindibles para que mantuviera su congruencia con la literatura psicoanalítica más reciente.

Viena, octubre de 1914.

PRÓLOGO DE LA CUARTA EDICIÓN

Concluido el reflujo de la marea bélica, podemos comprobar satisfechos que el interés por la investigación psicoanalítica se ha mantenido incólume en toda la amplitud del mundo. Sin embargo, no todas las partes de nuestra doctrina han tenido idéntico destino. Las nociones y los postulados puramente psicológicos del psicoanálisis acerca del inconsciente, la represión el conflicto patógeno, el beneficio derivado de la enfermedad, los mecanismos de la formación de síntomas, entre otros, gozan de creciente aceptación y son reconocidos hasta por quienes son, en principio, nuestros adversarios. Mas el lector de nuestra doctrina que linda con la biología, y cuyos fundamentos expone este pequeño trabajo, sigue suscitando permanente antagonismo y aun ha sido motivo de que personas que durante largo tiempo se dedicaron intensamente al psicoanálisis se apartaran del mismo y adoptaran nuevas concepciones tendientes a reducir el papel del factor sexual, tanto en la vida psíquica del ser normal como en la del enfermo.

Sin embargo, no puedo resolverme a creer que esta parte de la ciencia psicoanalítica discrepe de la realidad en medida mucho mayor que sus demás sectores, tanto el recuerdo como las comprobaciones incesantemente renovadas me demuestran que es el producto de una observación no menos minuciosa y libre de preconceptos. Por otro lado, no es difícil explicar aquella disociación del reconocimiento público. En primer lugar, sólo aquellos investigadores dotados de la paciencia y la habilidad técnica necesarias para llevar el análisis hasta los primeros años infantiles del paciente, podrán confirmar los comienzos de la vida sexual humana que aquí se describen. Con frecuencia se carece aun de la posibilidad de realizar dicha exploración, pues la acción médica exige una resolución más rápida del caso clínico. En cuanto a las personas no médicas que ejercen el psicoanálisis, ni siquiera tienen acceso a este sector y carecen de toda posibilidad de formarse un juicio sustraído a la influencia de sus propias repulsiones y de sus prejuicios. En efecto, si el hombre supiera cómo aprender algo de la observación directa del niño, estos tres ensayos bien podrían haber quedado sin ser escritos.

Luego, es menester recordar que gran parte del contenido de este trabajo —la acentuación de la importancia de la vida sexual para todas las actividades humanas y la ampliación del concepto de sexualidad, aquí intentada— ha suscitado siempre las más enconadas resistencias contra el psicoanálisis. Dejándose llevar por la inclinación hacia las frases grandilocuentes, se ha llegado a hablar del «pansexualismo» en el psicoanálisis, lanzándole el reproche absurdo de que pretendería explicarlo «todo» a partir de la sexualidad. Podría asombrarnos semejante actitud si olvidáramos hasta qué punto los propios factores afectivos inducen a la confusión y al olvido. En efecto, ya hace tiempo el filósofo Arturo Schopenhauer enfrentó al hombre con toda la extensión de las influencias que los impulsos sexuales —en el sentido cotidiano del término— ejercen sobre sus actos y sus aspiraciones: ¡y un mundo entero de lectores habría sido incapaz de olvidar tan completamente una advertencia tan perentoria! En lo que se refiere a la «ampliación» del concepto de la sexualidad, impuesta por el análisis de los niños y de los denominados perversos, recordaré a cuantos contemplan desdeñosamente el psicoanálisis desde su encumbrado punto de vista cuán estrechamente coincide la sexualidad ampliada del psicoanálisis con el Eros del divino Platón.

Viena, mayo de 1920.

LAS ABERRACIONES SEXUALES

PARA explicar las necesidades sexuales del hombre y del animal supone la Biología la existencia de un «instinto sexual», del mismo modo que supone para explicar el hambre de un instinto de nutrición. Pero el lenguaje popular carece de un término que corresponda al de «hambre» en lo relativo a lo sexual. La ciencia usa en este sentido la palabra *libido*.

La opinión popular posee una bien definida idea de la naturaleza y caracteres de este instinto sexual. Se cree firmemente que falta en absoluto en la infancia; que se constituye en el proceso de maduración de la pubertad, y en relación con él, que se exterioriza en los fenómenos de irresistible atracción que un sexo ejerce sobre el otro, y que su fin está constituido por la cópula sexual o a lo menos por aquellos actos que a ella conducen.

Existen, sin embargo, poderosas razones para no ver en estos juicios más que un reflejo harto infiel de la realidad. Analizándolos detenidamente, descubrimos en ellos multitud de errores, inexactitudes e inadvertencias.

Antes de entrar en su discusión fijaremos el sentido de los términos que en la misma hemos de emplear. La persona de la cual parte la atracción sexual la denominaremos objeto sexual, y el acto hacia el cual impulsa el instinto, fin sexual. La experiencia científica nos muestra que tanto respecto al objeto como al fin existen múltiples desviaciones, y que es necesaria una penetrante investigación para establecer las relaciones que dichas anormalidades guardan con lo considerado como normal.

1

DESVIACIONES RESPECTO AL OBJETO SEXUAL

A la teoría popular del instinto sexual corresponde la poética fábula de la división del ser humano en dos mitades —hombre y mujer—, que tienden a reunirse en el amor. Causa, pues, una gran extrañeza oír que existen hombres y mujeres cuyo objeto sexual no es una persona de sexo contrario, sino otra de su mismo sexo. A estas personas se las denomina homosexuales; o mejor, invertidas, y el hecho mismo, inversión. Su número es muy elevado, aunque sea difícil establecerlo con alguna exactitud.

A) LA INVERSIÓN

Conducta de los invertidos.— Los invertidos se conducen muy diferentemente unos de otros:

a) Son invertidos absolutos; esto es, su objeto sexual tiene necesariamente que ser de su mismo sexo, no siendo nunca el sexo opuesto objeto de su deseo sexual, sino que los deja fríos o despierta en ellos manifiesta repulsión sexual.

Los invertidos absolutos masculinos son, en general, incapaces de realizar el acto sexual normal o no experimentan placer alguno al realizarlo.

b) Son invertidos anfígenos (hermafroditas psicosexuales); esto es, su objeto sexual puede pertenecer indistintamente a uno u otro sexo. La inversión carece, pues, aquí de exclusividad.

c) Son invertidos ocasionales, o sea que bajo determinadas condiciones exteriores —de las cuales ocupan el primer lugar la carencia de objeto sexual normal y la imitación— pueden adoptar como objeto sexual a una persona de su mismo sexo y hallar satisfacción en el acto sexual con ella realizado.

Los invertidos muestran asimismo múltiples diferencias en lo que respecta a su manera de juzgar el peculiar carácter de su instinto sexual. Para unos, la inversión es algo tan natural como para el hombre normal la orientación heterosexual de su libido, y defienden calurosamente su licitud. Otros, en cambio, se rebelan contra ella y la consideran como una compulsión morbosa.

Otras variantes se refieren a las circunstancias temporales. La inversión puede datar de la primera época a que alcanzan los recuerdos del individuo o no haber aparecido hasta un determinado momento, anterior o posterior a su pubertad. Asimismo puede conservarse durante toda la vida, desaparecer temporalmente, no representar sino un episodio en el curso del desarrollo normal, y hasta manifestarse en un estado avanzado de la existencia del sujeto después de un largo período de actividad sexual normal. Se ha observado también una oscilación periódica entre el objeto sexual normal y el invertido. De particular interés son aquellos casos en los que la libido cambia de rumbo, orientándose hacia la inversión después de una penosa experiencia con el objeto sexual normal.

Estas diversas variantes se manifiestan, en general, independientemente unas de otras. En los casos extremos de inversión puede suponerse casi siempre que dicha tendencia ha existido desde muy temprana edad en el sujeto y que él mismo se siente de perfecto acuerdo con ella.

Muchos autores rehúsan formar una unidad con los diversos casos antes indicados y prefieren acentuar las diferencias existentes entre estos grupos en lugar de sus caracteres comunes; conducta inspirada en su concepto favorito de la inversión. Mas por muy justificadas que estén tales diferenciaciones no puede dejar de reconocerse la existencia de numerosos grados intermedios, pareciendo así imponerse la idea de una serie gradual.

Concepto de la inversión. —El primer juicio sobre la inversión consistió en considerarla como un signo congénito de degeneración nerviosa; juicio fundado en que los observadores científicos la hallaron primeramente en individuos enfermos de los nervios o que producían la impresión de estarlo.

Esta teoría entraña dos asertos, que deben ser juzgados independientemente: el innatismo y la degeneración.

Degeneración.— El empleo arbitrario del término «degeneración» suscita en este caso, como en todos, múltiples objeciones.

Ha llegado a ser costumbre atribuir a degeneración todos aquellos síntomas patológicos que no son de origen traumático o infeccioso. La clasificación de Magnan de los degenerados ha hecho compatible un diagnóstico de degeneración con el más perfecto funcionamiento del sistema nervioso. En tales circunstancias puede preguntarse qué utilidad y qué nuevo contenido posee aún tal diagnóstico. Parece más apropiado, por tanto, no hablar de degeneración: primero, en aquellos casos en que no aparecen juntas varias graves anormalidades y, segundo, cuando no aparece gravemente dañada, en general, la capacidad de existencia y funcionamiento.

Varios hechos nos demuestran que los invertidos no pueden considerarse en este sentido como degenerados:

1º Porque se halla la inversión en personas que no muestran otras graves anormalidades.

2º Porque aparece asimismo en personas cuya capacidad funcional no se halla perturbada, y hasta en algunas que se distinguen por un gran desarrollo intelectual y elevada cultura ética.

3º Porque cuando se prescinde ante estos pacientes de la propia experiencia médica y se tiende a abarcar un horizonte más amplio se tropieza, en dos direcciones distintas, con hechos que impiden considerar la inversión como signo degenerativo.

a) Debe tenerse muy en cuenta que la inversión fue una manifestación frecuentísima, y casi una institución, encargada de importantes funciones, en los pueblos antiguos en el cenit de su civilización. b) Se la encuentra extraordinariamente difundida en muchos pueblos salvajes y primitivos, mientras que el concepto de degeneración suele limitarse a civilizaciones elevadas (J. Bloch). Hasta en los pueblos civilizados europeos ejercen máxima influencia sobre la difusión y el concepto de la inversión las condiciones climatológicas y raciales.

Innatismo.— El innatismo sólo se ha aceptado, como puede suponerse, para la primera y más extensa categoría de los invertidos, y precisamente por la afirmación de tales personas de no haberse manifestado en ellas en ninguna época de su vida otra distinta dirección del instinto sexual. La existencia de las otras dos clases, en especial de la tercera, es difícil ya de conciliar con la tesis de un carácter congénito. De aquí la tendencia de todos los representantes de esta opinión a separar de los demás el grupo de los invertidos absolutos, lo cual implica la renuncia a establecer un juicio de valor general sobre la inversión.

Esta sería, pues, en unos casos de carácter innato y, en otros, habría aparecido de modo distinto.

La opinión contraria a ésta sostiene que la inversión es un carácter adquirido del instinto sexual. En defensa de esta hipótesis se alegan los hechos siguientes: 1º En muchos invertidos (aun en los absolutos) puede señalarse una impresión sexual que actuó intensamente sobre ellos en las primeras épocas de su vida, y de la cual constituye una perdurable consecuencia la inclinación homosexual. 2º En otros muchos puede revelarse la actuación de determinadas influencias exteriores de la vida, que en época más o menos temprana han conducido a la fijación de la inversión (trato exclusivo con individuos del mismo sexo, vida común en la guerra o prisión, peligros del comercio heterosexual, celibato, debilidad sexual, etc.). 3º La inversión puede ser suprimida por sugestión hipnótica, cosa que constituiría un milagro si se tratase de un carácter congénito.

Desde este punto de vista, puede negarse, en general, la existencia de una inversión congénita. Puede objetarse (Havelock Ellis) que un penetrante examen de los casos considerados como de inversión innata revelaría siempre la existencia de un suceso infantil, determinante de la dirección de la libido, no conservado en la memoria del individuo pero susceptible de ser atraído a ella por un tratamiento psíquico apropiado. Siguiendo a estos autores, podría definirse la inversión como una frecuente variante del instinto sexual, determinada por cierto número de circunstancias exteriores de la vida.

Esta afirmación, aparentemente plausible, queda sin embargo, contradicha por la observación de que muchas personas caen en la adolescencia bajo iguales influencias sexuales —seducción, masturbación mutua—, sin hacerse por ello invertidos o seguir siéndolo perdurablemente. Así, pues, se llega obligadamente a suponer que la alternativa —innatismo o adquisición— o es incompleta o no entraña todas las circunstancias de la inversión.

Explicación de la inversión.— Ni con la hipótesis de la inversión congénita ni con la contraria de la inversión adquirida queda explicada la esencia de la inversión. En el primer caso habrá que especificar qué es lo que se considera innato en ella si no se quiere aceptar la hurda explicación de que una persona trae ya establecida al nacer la conexión de su instinto sexual con un objeto sexual predeterminado. En la segunda hipótesis se plantea la cuestión de si las diversas influencias accidentales bastan por sí solas para explicar la adquisición sin la existencia de algo favorable a la misma en el individuo, cosa inadmisible, según ya hemos visto.

Bisexualidad.— Para explicar la posibilidad de una inversión sexual se ha seguido, desde Frank Lydstone, Kiernan y Chevalier, una ruta intelectual que entraña una nueva contradicción de las opiniones corrientes. Según éstas, el individuo humano no puede ser más que hombre o mujer. Pero la ciencia conoce casos en los que los caracteres sexuales aparecen borrosos dificultando la determinación del sexo ya en el terreno anatómico. Los genitales de estos sujetos de sexo indeterminado reúnen caracteres masculinos y femeninos (hermafroditismo). En algunos casos excepcionales coexisten en el mismo individuo los órganos genitales de los dos sexos (hermafroditismo propiamente dicho), aunque por lo general aparezcan ambos más o menos atrofiados.

Lo más importante de estas anormalidades es que facilitan de un modo inesperado la comprensión de la constitución normal, a la cual corresponde cierto grado de hermafroditismo anatómico. En ningún individuo masculino o femenino, normalmente desarrollado, dejan de encontrarse huellas del aparato genital del sexo contrario que o perduran sin función alguna como órganos rudimentarios o han sufrido una transformación, dirigida a la adopción de funciones distintas.

La hipótesis deducible de estos hechos anatómicos, ha largo tiempo conocidos, es la de una disposición bisexual originaria, que en el curso de la evolución se ha ido orientando hacia la monosexualidad, pero conservando algunos restos atrofiados del sexo contrario.

De aquí no había más que un paso para transportar esta hipótesis al dominio psíquico y explicar la inversión como manifestación de un hermafroditismo psíquico. Para dejar resuelto el problema sólo faltaba comprobar una coincidencia regular de la inversión con los signos anímicos y somáticos del hermafroditismo.

Mas esta esperada coincidencia no se presentó. No se pueden imaginar tan estrechas las relaciones entre el supuesto hermafroditismo psíquico y el comprobado hermafroditismo anatómico. Lo que sí se encuentra con frecuencia en los invertidos es una disminución del instinto sexual (Havelock Ellis) y ligeras atrofias anatómicas de los órganos. Con frecuencia, pero no regularmente, ni siquiera en la mayoría de los casos. Esto obliga a reconocer que la inversión y el hermafroditismo somático son totalmente independientes una de otro.

Se ha atribuido, asimismo, un gran valor a los llamados caracteres sexuales secundarios y terciarios, y se ha hecho resaltar su conjunta aparición en los invertidos (H. Ellis). También en esto hay algo verdadero; mas no debe olvidarse que los caracteres sexuales secundarios y terciarios surgen con frecuencia en el sexo contrario, constituyendo indicios de hermafroditismo, pero sin que al mismo tiempo se muestre modificado el objeto sexual en el sentido de una inversión.

El hermafroditismo psíquico ganaría en verosimilitud si paralelamente a la inversión del objeto sexual apareciera una modificación de los demás caracteres, tendencias y cualidades anímicas.

Mas tal inversión del carácter sólo puede esperarse hallarla con alguna regularidad en las mujeres invertidas; en los hombres puede coincidir con la inversión la más completa virilidad psíquica. Si se quiere mantener la hipótesis del hermafroditismo psíquico, habrá de añadirse, por lo menos que sus diversas manifestaciones no muestran sino muy escasa condicionalidad recíproca. Igualmente sucede en el hermafroditismo somático. Según J. Halban, también las atrofias orgánicas aisladas y los caracteres sexuales secundarios aparecen relativamente independientes entre sí.

La teoría de la bisexualidad ha sido expuesta en su forma más simple por uno de los defensores de los invertidos masculinos: «Cerebro femenino en cuerpo masculino.» Mas no conocemos los caracteres de un «cerebro femenino».

La sustitución del problema psicológico por el anatómico es tan ociosa como injustificada. La tentativa de explicación de Krafft-Ebing parece más exactamente planteada que la de Ulrich, pero en esencia es similar a ella.

Krafft-Ebing ponía que la disposición bisexual da al individuo centros cerebrales masculinos y femeninos, al mismo tiempo que órganos sexuales somáticos de ambos sexos. Dichos centros no se desarrollan hasta la época de la pubertad, y principalmente, bajo la influencia de la glándula sexual, independiente de ellos en la disposición. Pero hablar de «centros» masculinos y femeninos es lo mismo que hablar de cerebros de uno u otro sexo, y ni siquiera sabemos si podemos aceptar para las funciones sexuales localizaciones cerebrales (centros) como las aceptamos para la palabra.

Habremos de retener, sin embargo, dos ideas: que también en cuanto a la inversión debe tenerse en cuenta la disposición bisexual, aunque no sepamos en qué puede consistir tal disposición fuera de lo puramente anatómico y se trata de perturbaciones que atacan el instinto sexual durante su desarrollo.

Objeto sexual de los invertidos.— La teoría del hermafroditismo psíquico supone que el objeto sexual del invertido es el contrario al del normal. El hombre sucumbiría, como la mujer, al encanto emanado de las cualidades físicas y espirituales masculinas y, sintiéndose mujer, buscaría al hombre.

Mas aun cuando esto sea exacto para toda una serie de invertidos, está, sin embargo, muy lejos de revelar un carácter general de la inversión. Es innegable que muchos invertidos masculinos conservan los caracteres psíquicos de su sexo; no poseen sino muy pocos caracteres secundarios del otro sexo y buscan, en su objeto sexual, rasgos psíquicos propiamente femeninos.

Si esto no fuera así, no se explicaría por qué la prostitución masculina que se ofrece a los invertidos trata — hoy como en la antigüedad de copiar a las mujeres en los vestidos, aspecto exterior y modales, sin que esta imitación parezca ofender al ideal de los homosexuales masculinos. En la Grecia antigua, donde hombres de una máxima virilidad aparecen entre los invertidos, se ve claramente que no era el carácter masculino de los efebos, sino su proximidad física a la mujer, así como sus cualidades psíquicas femeninas —timidez, recato y necesidad de alguien que les sirva de maestro y apoyo—, lo que encendía el amor de los hombres. En cuanto el efebo se hacía hombre dejaba de ser objeto sexual para los individuos del mismo sexo y se convertía quizá, a su vez, en pederasta. El objeto sexual es, por tanto, en este caso, como en otros muchos, no el sexo igual, sino la reunión de los dos caracteres sexuales, la transacción entre dos deseos orientados hacia cada uno de los dos sexos, transacción en la que se conserva como condición la masculinidad del cuerpo (de los genitales) y que constituye, por decirlo así, el reflejo de la propia naturaleza bisexual.

Más inequívocas son las manifestaciones homosexuales en la mujer. Las invertidas activas presentan con gran frecuencia caracteres somáticos y psíquicos masculinos, y los exigen femeninos en su objeto sexual. De todos modos, también la homosexualidad femenina presenta formas muy diversas y múltiples variantes.

Fin sexual de los invertidos.— Hemos de retener como un hecho importante el de que el fin sexual de los invertidos no es, en modo alguno, unitario. Entre los hombres, la inversión no supone necesariamente el coito *per anum*. La masturbación aparece muchas veces como fin exclusivo, y las limitaciones del fin sexual —hasta la mera efusión sentimental— son aquí más frecuentes aún que en el amor heterosexual. En las mujeres son también muy diversos los fines sexuales de las invertidas, y entre ellos parece ser preferido el contacto con las mucosas bucales.

Conclusión.— No nos es posible deducir de lo hasta aquí expuesto una explicación satisfactoria de la génesis de la inversión, pero sí podemos observar que nuestras investigaciones nos han conducido a un resultado que puede ser de mayor importancia que la solución del problema en un principio planteado. Resulta que nos habíamos representado como excesivamente íntima la conexión del instinto sexual con el objeto sexual.

La experiencia adquirida en la observación de aquellos casos que consideramos anormales nos enseña que entre el instinto sexual y el objeto sexual existe una soldadura cuya percepción puede escaparnos en la vida sexual normal, en la cual el instinto parece traer consigo su objeto. Se nos indica así la necesidad de disociar hasta cierto punto en nuestras reflexiones el instinto y el objeto. Probablemente, el instinto sexual es un principio independiente de su objeto, y no debe su origen a las excitaciones emanadas de los atractivos del mismo.

B) IMPÚBERES Y ANIMALES COMO OBJETOS SEXUALES

Mientras que las personas cuyo objeto sexual no pertenece al sexo normalmente apropiado para serlo —esto es, los invertidos— se presentan a los ojos del observador como un conjunto de individuos sin más tara quizá que su desviación sexual, aquellas otras que eligen como objeto sexual sujetos impúberes (niños) nos parecen constituir casos aislados de aberración. Sólo excepcionalmente son los impúberes objeto sexual exclusivo; en la mayoría de los casos llegan tan sólo a serlo cuando un individuo cobarde e impotente acepta tal subrogado, o cuando un instinto impulsivo inaplazable no puede apoderarse en el momento de un objeto más apropiado. De todos modos, no deja de arrojar cierta luz sobre la naturaleza del instinto sexual el hecho de permitir tanta variación y tal degradación de su objeto, cosa que el hambre, mucho más estrictamente ligada al suyo, sólo admitiría en los casos extremos. Lo mismo puede decirse con respecto al comercio sexual con animales, nada raro entre los campesinos, y en el que la atracción sexual rebasa los límites de la especie.

Por razones estéticas limitaríamos gustosamente a los enfermos mentales estas y otras graves aberraciones del instinto sexual, pero ello no es posible. La experiencia enseña que en tales enfermos no se observan aberraciones sexuales distintas de las que aparecen en individuos sanos y en razas y clases sociales enteras. Así, encontramos con desoladora frecuencia atentados sexuales cometidos en niños por sus maestros y guardadores, tan sólo porque a éstos se les presentan más ocasiones para ello que a otras personas. Los enfermos mentales muestran únicamente tales aberraciones en un grado más elevado o —cosa especialmente significativa — llevadas a la exclusividad y sustituyendo a la satisfacción sexual normal.

Esta singular relación de las variantes sexuales con la escala gradual que va desde la salud a la perturbación mental da mucho que pensar.

Me inclino a opinar que los problemas que aquí se nos plantean constituyen una indicación de que los impulsos de la vida sexual pertenecen a aquellos que aun normalmente son los peor dominados por las actividades anímicas más elevadas. Aquellos individuos que son mentalmente anormales en un aspecto cualquiera, ético o social, son asimismo —conforme me ha mostrado mi experiencia— anormales en su vida sexual.

En cambio, son anormales sexuales muchas personas que en todas las demás cuestiones se hallan dentro del tipo general y han seguido el desarrollo cultural humano, cuyo punto débil continúa siendo la sexualidad.

Como resultado general de estas elucidaciones deduciríamos que bajo una gran cantidad de condiciones, y sorprendentemente, en muchos individuos, la naturaleza y el valor del objeto sexual pasan a un lugar secundario, siendo algo diferente de esto lo esencial y constante en el instinto sexual.

2

DESVIACIONES RELATIVAS AL FIN SEXUAL

Como fin sexual normal se considera la conjunción de los genitales en el acto denominado coito, que conduce a la solución de la tensión sexual y a la extinción temporal del instinto sexual (satisfacción análoga a la saciedad en el hombre). Pero aun el acto sexual más normal integra visiblemente aquellos elementos cuyo desarrollo conduce a las aberraciones que hemos descrito como perversiones. En calidad de fines sexuales preliminares se admiten ciertas relaciones intermediarias (existentes en el camino que conduce al coito) con el objeto sexual, tales como la contemplación y tocamiento del mismo. Estos actos están, de una parte, ligados con una sensación de placer por sí mismos, y de otra, elevan la excitación, que debe durar hasta la realización del fin sexual definitivo. Uno de estos contactos, el de ambas mucosas labiales, ha obtenido después —constituyendo el beso— un alto valor sexual en muchos pueblos (entre ellos los más civilizados), a pesar de que las partes del cuerpo que en él entran en juego no pertenecen al aparato genital, sino que forman la entrada del digestivo. Existen, pues, factores que permiten ligar las perversiones a la vida sexual normal y son aprovechables para la clasificación de las mismas. Las perversiones son alternativamente: a) transgresiones anatómicas de los dominios corporales destinados a la unión sexual; o b) detenciones en aquellas relaciones intermedias con el objeto sexual que normalmente deben ser rápidamente recorridas en el camino hacia el fin sexual definitivo.

A) TRANSGRESIONES ANATÓMICAS

Supervaloración del objeto sexual.— La valoración psíquica que recae sobre el objeto sexual como fin del instinto sexual no se limita, más que en rarísimos casos, a los genitales del mismo, sino que se extiende a todo su cuerpo y posee la tendencia de incluir todas las sensaciones emanadas del objeto. Igual sobreestimación aparece en el campo psíquico, mostrándose como una ofuscación lógica (debilidad del juicio) respecto a las funciones anímicas y perfecciones del objeto sexual y como una docilidad crédula para con los juicios exteriorizados por el mismo. La credulidad del amor constituye así una fuente importante, si no la primitiva, de la autoridad.

Esta supervaloración sexual es lo que tan mal tolera la limitación del fin sexual a la conjunción de los genitales y lo que ayuda a elevar a la categoría de fin sexual actos en que entran en juego otras partes del cuerpo.

La importancia de la supervaloración sexual puede estudiarse fácilmente en el hombre, cuya vida erótica ha llegado a ser asequible a la investigación mientras que la de la mujer, en parte por las limitaciones impuestas por la cultura y, en parte, por la silenciación convencional y la insinceridad de las mujeres, permanece aún envuelta en impenetrable oscuridad.

Empleo sexual de las mucosas bucales y labiales.— El empleo de la boca como órgano sexual se considera una perversión cuando los labios o la lengua de una persona entran en contacto con los genitales de la otra, y no, en cambio, cuando ambas mucosas labiales tocan una con otra. En esta excepción yace la conexión con lo normal. El que abomina de las otras prácticas, usadas quizá desde los más primitivos tiempos de la Humanidad, considerándolas como perversiones, obedece a una bien definida sensación de repugnancia que le protege de la aceptación de tal fin sexual. Los límites de esta repugnancia son, sin embargo, puramente convencionales: individuos que besan con pasión los labios de una bella muchacha no podrán emplear sin repugnancia su cepillo de dientes, aun no teniendo razón ninguna para suponer que su propia cavidad bucal, que no les produce asco, está más limpia que la de la muchacha. La repugnancia se nos muestra aquí como un factor susceptible de cerrar el camino a la sobreestimación sexual, pero también de ser vencido por la libido. Habremos, pues, de considerarla como uno de los poderes que contribuyen a limitar el fin sexual.

Estos poderes se detienen ante los genitales mismos; pero no cabe duda de que también los genitales del sexo contrario pueden ser por sí mismo objeto de repugnancia y que esta conducta corresponde a las características de todos los histéricos (especialmente de los del sexo femenino). La fuerza del instinto sexual se complace en dedicarse al vencimiento de esta repugnancia.

Empleo sexual del orificio anal.—En el empleo sexual del ano se ve más claramente que en el caso anterior el hecho de ser la repugnancia lo que imprima a este fin sexual el carácter de perversión. A mi sentir —y espero que no se vea en esta observación un decidido prejuicio teórico— la razón en que se funda esta repugnancia, o sea, la de que dicha parte del cuerpo sirve para la excreción y entra en contacto con lo repugnante en sí —los excrementos—, no es mucho más sólida que la que dan las muchachas histéricas para explicar su repugnancia ante los genitales masculinos; esto es, que sirven para la expulsión de la orina.

El papel sexual de la mucosa anal no se halla en ningún modo limitado al comercio sexual entre individuos masculinos. Su preferencia no constituye nada característico de la inversión. Parece, al contrario, que la poedicatio del hombre debe su papel a la analogía con el acto realizado con la mujer, al paso que la masturbación recíproca es el fin sexual más frecuente en los invertidos.

Importancia de otras partes del cuerpo.— La extensión sexual a otras partes del cuerpo no ofrece en ninguna de sus variantes nada esencialmente nuevo, ni añade nada para el conocimiento del instinto sexual, que sólo en esto exterioriza su intención de apoderarse del objeto sexual en su totalidad. Mas, al lado de la supervaloración sexual, aparece en las extralimitaciones anatómicas un segundo factor extraño al conocimiento vulgar de estas cuestiones. Determinadas partes del cuerpo, como las mucosas bucales y anales, que aparecen siempre en estas prácticas, reclaman un derecho a ser consideradas y tratadas como genitales. Ya veremos cómo esta pretensión queda justificada por el desarrollo del instinto sexual y satisfecha en la sintomatología de ciertos estados patológicos.

Sustitución inapropiada del objeto sexual. Fetichismo.— Una particularísima impresión nos es producida por aquellos casos en que el objeto sexual normal es sustituido por otro relacionado con él, pero al mismo tiempo totalmente inapropiado para servir al fin sexual normal.

Quizá hubiésemos hecho mejor, desde el punto de vista del orden expositivo, en citar este interesantísimo grupo de aberraciones del instinto sexual al tratar de las desviaciones con respecto al objeto pero lo aplazamos hasta haber expuesto el factor de la supervaloración sexual, del cual dependen estos fenómenos, a los cuales se enlaza una renuncia al fin sexual.

El sustitutivo del objeto sexual es, en general, una parte del cuerpo muy poco apropiada para fines sexuales (los pies o el cabello) o un objeto inanimado que está en visible relación con la persona sexual, y especialmente con la sexualidad de la misma (prendas de vestir, ropa blanca). Este sustitutivo se compara, no sin razón, con el fetiche en el que el salvaje encarna a su dios.

El tipo de transición a las formas de fetichismo, con renuncia a un fin sexual normal o perverso, lo constituyen aquellos casos en los cuales, para que el fin sexual haya de ser realizado, es preciso que el objeto sexual posea una condición fetichista (un determinado color de cabello, un traje especial o hasta un defecto físico). Ninguna otra de las variantes del instinto sexual limítrofes ya con lo patológico merece tanto nuestra atención como ésta, por la singularidad de los fenómenos cuya aparición motiva. Para todos estos casos parece constituir una condición previa la disminución del impulso hacia el fin sexual normal (debilidad funcional del aparato sexual). La conexión con lo normal se nos ofrece en la necesaria supervaloración sexual psicológica del objeto sexual, que se extiende inevitablemente a todo lo que con él se halla en conexión asociativa. Así, pues, es regularmente propio del amor normal cierto grado de tal fetichismo, sobre todo en aquellos estadios del enamoramiento en los que el fin sexual normal es inasequible o en los que su realización aparece aplazada.

> *¡Dadme un pañuelo de su pecho,*
> *o una liga que presionare su rodilla!*
>
> [Goethe: FAUSTO.]

El caso patológico surge cuando el deseo hacia el fetiche se fija pasando sobre esta condición y se coloca en lugar del fin normal o cuando el fetiche se separa de la persona determinada y deviene por sí mismo único fin sexual. Estas son las condiciones generales para el paso de simples variantes del instinto sexual a aberración patológica.

En la elección del fetiche se demuestra —como Binet fue el primero en afirmar y ha sido confirmado después por numerosas pruebas— la influencia continuada de una intimidación sexual experimentada, la mayor parte de las veces, en la primera infancia, fenómeno comparable a la proverbial capacidad de perdurar del primer amor en los normales. (On revient toujours à ses premiers amours.) Tal motivación es especialmente clara en los casos de simple condicionalidad fetichista del objeto sexual. Más adelante volveremos a encontrar en otras cuestiones la importancia de las tempranas impresiones sexuales.

En otros casos es una asociación de ideas simbólicas, casi siempre inconsciente en el sujeto, lo que le ha conducido a la sustitución del objeto por el fetiche. Los caminos seguidos para establecer estas asociaciones no siempre pueden indicarse con seguridad (el pie es, por ejemplo, un antiquísimo símbolo sexual que aparece ya en el mito, y las pieles deben quizá su papel de fetiche a la asociación con el cabello que recubre el mons veneris). Mas, tampoco este simbolismo parece ser siempre independiente de sucesos sexuales infantiles.

B) FIJACIÓN DE LOS FINES SEXUALES PRELIMINARES

Aparición de nuevos fines sexuales.— Todas las circunstancias externas e internas que dificultan o alejan la consecución del fin sexual normal (impotencia, coste elevado del objeto sexual, peligros del acto sexual) favorecen, como es comprensible, la tendencia a permanecer en los actos preparativos, convirtiéndolos en nuevos fines sexuales que pueden sustituirse al normal. Un penetrante examen muestra siempre que estos nuevos fines se hallan todos —hasta los de más extraña apariencia— indicados en el acto sexual normal.

Tocamiento y contemplación.— Para la consecución del fin sexual normal es indispensable —por lo menos al hombre— una cierta medida de tocamiento. Son, además, universalmente conocidos el aumento de excitación y la nueva fuente de placer que aportan las sensaciones del contacto con la epidermis del objeto sexual. Así, pues, la detención en el tocar no puede apenas contarse entre las perversiones cuando el acto sexual continúa luego hasta su fin.

Igual sucede con la contemplación derivada del tocamiento en último término. La impresión visual es el camino por el que más frecuentemente es despertada la excitación libidinosa, y con ella —si es permisible esta manera teleológica de considerar la cuestión— cuenta la selección dejando desarrollarse hasta la belleza al objeto sexual. La ocultación del cuerpo, exigida por la civilización, mantiene despierta la curiosidad sexual, que tiende a contemplar el objeto por descubrimiento de las partes ocultas, pero que puede derivarse hacia el arte (sublimación) cuando es posible arrancar su interés de los genitales y dirigirlo a la forma física y total. Una detención en este fin sexual intermediario de la contemplación sexualmente acentuado es, en cierto grado, patrimonio de todos los normales y hasta es lo que les da la posibilidad de dirigir cierta cantidad de su libido hacia fines artísticos más elevados.

Por el contrario, la contemplación constituye una perversión: a) cuando se limita exclusivamente a los genitales; b) cuando aparece ligada con el vencimiento de una repugnancia (voyeurs), espectadores del acto de excreción; c) cuando en vez de preparar el fin sexual normal, lo reprime. Esto último es lo que constituye el carácter típico de los exhibicionistas, los cuales, si se me permite concluir un resultado general del único caso de esta perversión que me ha sido posible someter al análisis, muestran sus genitales para que, en reciprocidad, les sean enseñados los de la parte contraria.

En los voyeurs y los exhibicionistas resulta un curioso carácter que nos ocupará aún más intensamente en las aberraciones que a continuación examinaremos. El fin sexual se encuentra aquí en un doble desarrollo en forma activa y pasiva.

El poder que se opone al deseo de contemplar o ser contemplado y que es vencido a veces por éste es el pudor (como antes la repugnancia).

Sadismo y masoquismo.— La tendencia a causar dolor al objeto sexual o ser maltratado por él es la más frecuente e importante de las perversiones, y sus dos formas, activa y pasiva, han sido denominadas, respectivamente, por Krafft-Ebing sadismo y masoquismo. Otros autores prefieren denominarla algolagnia, nombre que hace resaltar el placer de causar dolor, la crueldad, mientras que el nombre escogido por Krafft-Ebing acentúa, o pone en primer término, el placer de sufrir toda clase de humillaciones y sometimiento. Las raíces de la algolagnia activa o sadismo pueden hallarse fácilmente en el sujeto normal. La sexualidad de la mayor parte de los hombres muestra una mezcla de agresión, de tendencia a dominar, cuya significación biológica estará quizá en la necesidad de vencer la resistencia del objeto sexual de un modo distinto a por los actos de cortejo. El sadismo corresponderá entonces a un componente agresivo del instinto sexual exagerado, devenido independiente y colocado en primer término por medio de un desplazamiento. El concepto del sadismo comprende desde una posición activa y dominadora con respecto al objeto sexual hasta la exclusiva conexión de la satisfacción con la humillación y mal trato del mismo. En sentido estricto, solamente el último caso extremo puede denominarse perversión.

De un modo análogo, el concepto de masoquismo reúne todas las actitudes pasivas con respecto a la vida erótica y al objeto sexual, siendo la posición extrema la conexión de la satisfacción con el voluntario padecimiento de dolor físico o anímico producido por el objeto sexual.

El masoquismo, como perversión, parece alejarse más del fin sexual normal que la perversión contraria; es dudoso si aparece originariamente o si más bien se desarrolla siempre partiendo del sadismo y por una transformación de éste. Con frecuencia puede verse que el masoquismo no es otra cosa que una continuación del sadismo, dirigida contra el propio yo, que se coloca ahora en el puesto del anterior objeto sexual. El análisis clínico de los casos extremos de perversión masoquista lleva siempre a revelar la acción conjunta de una amplia serie de factores que exageran la predisposición original pasiva y le hacen experimentar una fijación (complejo de castración, consciencia de la culpa). El dolor que en esta perversión ha de ser superado constituye, como antes la repugnancia y el pudor, la resistencia que se coloca enfrente de la libido.

El sadismo y el masoquismo ocupan entre las perversiones un lugar particular, pues la antítesis de actividad y pasividad que constituye su fundamento pertenece a los caracteres generales de la vida sexual. La historia de la civilización humana nos enseña, sin dejar lugar a dudas, que la crueldad y el instinto sexual están íntimamente ligados; pero en las tentativas de explicar esta conexión no se ha ido más allá de hacer resaltar los elementos agresivos de la libido.

Según algunos autores, este elemento agresivo, mezclado al instinto sexual, constituye un resto de los placeres caníbales; eso es, una participación del aparato de aprehensión puesto al servicio de la satisfacción de la otra gran necesidad, más antigua ontogénicamente. Se ha afirmado también que cada dolor lleva en sí y por sí mismo la posibilidad de una sensación de placer. Por lo pronto, nos contentaremos con hacer constar nuestra creencia de que la explicación dada hasta ahora a esta perversión no es, ni con mucho, satisfactoria y que es probable que en ella se reúnan varias tendencias psíquicas para producir un solo efecto.

La particularidad más singular de esta perversión está, sin embargo, constituida por el hecho de que sus dos formas activa y pasiva, aparecen siempre conjuntamente en la misma persona. Aquel que halla placer en producir dolor a otros en la relación sexual está también capacitado por gozar del dolor que puede serle ocasionado en dicha relación como de un placer. Un sádico es siempre, al mismo tiempo, un masoquista, y al contrario. Lo que sucede es que una de las dos formas de la perversión, la activa o la pasiva, puede hallarse más desarrollada en el individuo y constituir el carácter dominante de su actividad sexual.

Vemos así aparecer, regularmente, determinadas tendencias perversas como pares contradictorios, hecho cuya alta importancia teórica comprobaremos más adelante. Es indudable que la existencia del par contradictorio sadismo—masoquismo no se puede derivar directamente de la existencia de una mezcla agresiva. En cambio, nos sentimos inclinados a relacionar tales antítesis con la de masculino y femenino, que se presenta en la bisexualidad; contradicción que en el psicoanálisis queda reducida a la de actividad y pasividad.

3

GENERALIDADES SOBRE LAS PERVERSIONES EN CONJUNTO

Variación y enfermedad.— Los médicos que primero estudiaron las perversiones en casos típicos y bajo condiciones especiales se inclinaron, naturalmente, a atribuirles el carácter de un estigma patológico o degenerativo, como ya vimos al tratar de la inversión. Sin embargo, es más fácil demostrar aquí, en los casos de inversión, el error de estas opiniones. La experiencia cotidiana muestra que la mayoría de estas extralimitaciones, o por lo menos las menos importantes entre ellas, constituyen parte integrante de la vida sexual del hombre normal y son juzgadas por éste del mismo modo que otras de sus intimidades. En circunstancias favorables, también el hombre normal puede sustituir durante largo tiempo el fin sexual normal por una de estas perversiones o practicarla simultáneamente. En ningún hombre normal falta una agregación de carácter perverso al fin sexual normal, y esta generalidad es suficiente para hacer notar la impropiedad de emplear el término «perversión» en un sentido peyorativo. Precisamente en los dominios de la vida sexual se tropieza con especiales dificultades, a veces insolubles, cuando se quiere establecer una frontera definitiva entre las simples variantes dentro de la amplitud fisiológica y los síntomas patológicos.

En algunas de estas perversiones es, sin embargo, de tal naturaleza el nuevo fin sexual, que necesitan ser estudiadas separadamente. Ciertas perversiones se alejan tanto de lo normal, que no podemos por menos de declararlas patológicas, particularmente aquellas —coprofagia, violación de cadáveres— en las cuales el fin sexual produce asombrosos rendimientos en lo que respecta al vencimiento de las resistencias (pudor, repugnancia, espanto o dolor). Pero tampoco en estos casos puede esperarse con seguridad hallar regularmente en el sujeto otras anormalidades de carácter grave o una perturbación mental. Tampoco aquí puede negarse el hecho de que personas de conducta normal en todas las actividades pueden, sin embargo, presentar caracteres patológicos en lo relativo a la vida sexual y bajo el dominio del más desenfrenado de todos los instintos.

En cambio, una manifiesta anormalidad en otras relaciones vitales se halla siempre en conexión con una conducta sexual anormal.

En la mayoría de los casos, el carácter patológico de la perversión no se manifiesta en el contenido del nuevo fin sexual, sino en su relación con el normal. Cuando la perversión no aparece al lado de lo normal (fin sexual y objeto), sino que, alentada por circunstancias que la favorecen y que se oponen en cambio a las tendencias normales, logra reprimir y sustituir por completo a estas últimas; esto es, cuando presenta los caracteres de exclusividad y fijación, es cuando podremos considerarla justificadamente como un síntoma patológico.

Participación psíquica en las perversiones.— Quizá precisamente en las más horribles perversiones es donde puede reconocerse la máxima participación psíquica en la transformación del instinto sexual. Prodúcese aquí una labor anímica a la que, no obstante sus espantosos resultados, no se puede negar la calidad de una idealización del instinto. La omnipotencia del amor no se muestra quizá en ningún otro lado tan enérgica como en estas aberraciones. Lo más alto y lo más bajo se hallan más íntima y enérgicamente reunidos que en ningún otro lado como en la sexualidad: Vom Himmel durch die Welt zur Hölle («Desde el cielo, a través del mundo, hasta el infierno», Goethe, Fausto).

Dos conclusiones.—En el estudio de las perversiones hemos llegado al conocimiento de que el instinto sexual tiene que luchar contra determinados poderes psíquicos que se le oponen en calidad de resistencia, siendo entre ellos los que más claramente se muestran: el pudor y la repugnancia. Aparece, pues, justificada la sospecha de que estos poderes participan en la labor de mantener el instinto dentro de los límites de lo considerado como normal, y cuando se desarrollan tempranamente, antes que el instinto sexual alce su plena fuerza, son los que marcan la dirección del desarrollo del mismo.

Hemos observado también que algunas de las perversiones investigadas sólo llegan a ser comprensibles por la conjunción de varios motivos. Cuando pueden someterse al análisis, esto es, a una descomposición, es señal de que son de naturaleza compuesta. De aquí podemos deducir que el instinto sexual no es, quizá, algo simple, sino compuesto, y cuyos componentes vuelven a separarse unos de otros en las perversiones. De este modo, la clínica habría atraído nuestra atención sobre fusiones que en la uniforme conducta normal habrían perdido su expresión.

4

EL INSTINTO SEXUAL EN LOS NEURÓTICOS

El **psicoanálisis.**— Una importantísima aportación para el conocimiento del instinto sexual, en personas que se hallan próximas a la normal, nos es dada por una fuente a la que sólo podemos llegar por un determinado camino. No hay más que un medio de obtener resultados fundamentales y acertados sobre la vida sexual de los denominados psiconeuróticos (histeria, neurosis obsesiva, la falsamente denominada «neurastenia», la dementia praecox y la paranoia). Este medio es someterlos a la investigación psicoanalítica, de la que se sirve el procedimiento curativo que J. Breuer y yo comenzamos a emplear en 1893 y que denominamos, por entonces, «catártico».

Debo anticipar aquí, y repetir con respecto a otras publicaciones mías, que estas psiconeurosis reposan, por lo que de mi experiencia clínica he podido concluir, sobre fuerzas instintivas de carácter sexual. No quiero decir con esto que la energía del instinto sexual proporcione una ayuda a las fuerzas que mantienen los fenómenos patológicos (síntomas). Mi afirmación se refiere únicamente a que esta participación es la única constante y constituye la fuente enérgica más importante de la neurosis, de manera que la vida sexual de dichas personas se exterioriza exclusiva, predominante o parcialmente en estos síntomas, los cuales como ya lo hemos indicado en otro lugar, no son sino la expresión de la vida sexual de los enfermos. La prueba de esta afirmación ha sido dada por una cantidad cada día mayor de psicoanálisis verificados durante veinticinco años en personas histéricas o atacadas de otras neurosis diferentes. De los resultados de estos análisis he dado cuenta en otros libros y seguiré dándola en mis publicaciones sucesivas.

El psicoanálisis llega a suprimir los síntomas histéricos, partiendo de la hipótesis de que son la sustitución o transcripción de una serie de procesos, tendencias y deseos anímicos afectivos, a los que un particular proceso psíquico (la represión) ha impedido llegar a su normal exutorio por medio de la actividad anímica consciente. Estos complejos psíquicos retenidos en estado inconsciente tienden a una exteriorización correspondiente a su valor afectivo, a una descarga, y la encuentran en la histeria por el proceso de la conversión en fenómenos somáticos; esto es, en síntomas histéricos. Por medio de una técnica especial, que permite reducir de nuevo tales síntomas a representaciones afectivas ya conscientes, se puede hallar la naturaleza y el origen de estos productos psíquicos anteriormente inconscientes.

Hallazgos del psicoanálisis.— De este modo se ha llegado al conocimiento de que los síntomas representan un sustitutivo de tendencias que toman su fuerza de las fuentes del instinto sexual.

De completo acuerdo con esto se halla lo que sabemos sobre los histéricos, tomados aquí como ejemplo de los psiconeuróticos en general, sobre su carácter antes de contraer la enfermedad y sobre las causas que la originaron. El carácter histérico deja revelarse una represión sexual que sobrepasa la medida normal y un desarrollo exagerado de aquellas resistencias contra el instinto sexual que se nos han dado a conocer como pudor, repugnancia y moral, manifestándose en estos enfermos una aversión instintiva a ocupar su pensamiento en la reflexión sobre las cuestiones sexuales, aversión que en los casos típicos da el resultado de conservarlos en una total ignorancia sexual hasta los años de la madurez sexual.

Este rasgo característico, esencial de la histeria, queda encubierto con frecuencia a la vista del observador superficial por el segundo factor constitucional de la enfermedad; esto es, por el poderoso desarrollo del instinto sexual; pero el análisis psicológico logra descubrirlo siempre, y resuelve el misterio lleno de contradicción de la histeria por el establecimiento del par contradictorio formado por una necesidad sexual superior a la normal y una exagerada repulsa de todo lo sexual.

La ocasión favorable a la aparición de la enfermedad surge en las personas predispuestas a la histeria cuando, como resultado del propio proceso de maduración o de circunstancias exteriores, se presenta en ellas la exigencia sexual de un modo imperativo. Entre el apremio del instinto y la resistencia de la repulsa sexual surge entonces, como recurso, la enfermedad, que no resuelve el conflicto, sino que intenta eludirlo por la transformación de las ideas libidinosas en síntomas. Constituye tan sólo una excepción aparente el que una persona histérica —por ejemplo, un hombre — haya contraído su enfermedad a causa de una emoción trivial o de un conflicto en cuyo punto medio no se halle el interés sexual. El psicoanálisis puede entonces demostrar regularmente que el componente sexual del conflicto es el que ha hecho posible la aparición de la enfermedad, privando a los procesos psíquicos de su normal exutorio.

Neurosis y perversión.— Gran parte de las contradicciones surgidas contra estas opiniones mías se explica por el hecho de que se considera coincidente la sexualidad, de la que yo derivo los síntomas psiconeuróticos, con el instinto sexual normal.

Pero el psicoanálisis nos aclara aún más esta cuestión, mostrándonos que los síntomas no se originan nunca (o por lo menos exclusiva y predominantemente) a costa del instinto sexual denominado normal, sino que representan una exteriorización de aquellos instintos que se considerarían como perversos en el más amplio sentido de la palabra, y se exteriorizan directa y conscientemente en propósitos fantaseados o en actos. Los síntomas se originan, por tanto, en parte, a costa de la sexualidad anormal. La neurosis es, por decirlo así, el negativo de la perversión.

El instinto sexual de los psiconeuróticos muestra todas las aberraciones que hemos estudiado como desviaciones de la vida sexual normal y manifestaciones de una vida sexual patológica.

a) En la vida anímica inconsciente de todos los neuróticos puede comprobarse una tendencia a la inversión y a la fijación de la libido sobre personas del mismo sexo. Sería necesario un profundo y detenido estudio para recoger toda la importancia de este factor en la constitución del cuadro de la enfermedad. Mas, por ahora, nos limitaremos a asegurar que la tendencia inconsciente a la inversión no falta nunca en la histeria masculina y presta los mayores servicios para su explicación.

b) En el psiquismo inconsciente de los psiconeuróticos existen y actúan como agentes de la producción síntomas todas aquellas tendencias a las extralimitaciones anatómicas que hemos estudiado antes, y entre ellas, con particular frecuencia e intensidad aquellas que hacen elevarse a la categoría de genitales las mucosas bucales y anales.

c) Entre las causas de la formación de síntomas psiconeuróticos desempeñan un papel importante los instintos parciales que aparecen casi siempre formando pares antitéticos y que hemos estudiado como aportadores de nuevos fines sexuales; esto es, los instintos de contemplación y de exhibición y el instinto pasivo y activo de crueldad. La presencia de este último instinto es indispensable para la comprensión de la naturaleza dolorosa de los síntomas y rige casi siempre una parte de la conducta social del enfermo. Por medio de esta conexión de la libido con la crueldad tiene lugar la transformación del amor en odio y de los sentimientos cariñosos en hostiles, que es característica en una gran serie de neurosis especialmente en la paranoia.

El interés de estos resultados queda acrecentado por determinadas peculiaridades de los hechos objeto de este estudio.

a) Cuando se descubre en lo inconsciente uno de estos instintos, apto para formar con su contrario uno de los pares de que hemos hablado, aparece siempre actuando simultáneamente este otro instinto antitético.

Toda perversión «activa» queda así acompañada siempre, en estos casos, del factor antagónico correspondiente. El sujeto que es exhibicionista inconsciente es al mismo tiempo voyeur, y aquel que sufre de las consecuencias de una represión de tendencias sádicas sufre también de síntomas producidos por fuentes de inclinación masoquista. La coincidencia absoluta con la conducta de la perversión «positiva» correspondiente es un dato que debe tenerse muy en cuenta. Mas, en el cuadro de la enfermedad desempeñan indistintamente una u otra de las tendencias antitéticas el papel dominante.

b) En los casos definidos de psiconeurosis, sólo raras veces se encuentra desarrollado uno solo de estos instintos perversos. En general, se halla una gran cantidad de los mismos totalmente desarrollados y aparecen huellas de todos los restantes, pero la intensidad de cada uno es independiente del desarrollo de los demás. También para esto nos proporciona el estudio de las perversiones positivas la exacta contrapartida.

5

INSTINTOS PARCIALES Y ZONAS ERÓGENAS

Si revisamos los resultados de nuestra investigación de las perversiones positivas y negativas, nos inclinaremos a referirlas a una serie de «instintos parciales», que no constituyen nada primario, sino que permiten un subsiguiente análisis. Bajo el concepto de «instinto» no comprendemos primero más que la representación psíquica de una fuente de excitación, continuamente corriente o intrasomática, a diferencia del «estímulo» producido por excitaciones aisladas procedentes del exterior. Instinto es, pues, uno de los conceptos límites entre lo psíquico y lo físico. La hipótesis más sencilla y próxima sobre la naturaleza de los instintos sería la de que no poseen por sí cualidad alguna, debiendo considerarse tan sólo como cantidades de exigencia de trabajo para la vida psíquica. Lo que diferencia a los instintos unos de otros y les da sus cualidades específicas es su relación con sus fuentes somáticas y sus fines.

La fuente del instinto es un proceso excitante en un órgano, y su fin más próximo está en hacer cesar la excitación de dicho órgano.

Otra hipótesis interina de la teoría del instinto, a la cual no nos podemos sustraer, es la de que de los órganos del cuerpo emanan excitaciones de dos clases, fundadas en diferencias de naturaleza química. Una de estas clases de excitación la designaremos como la específicamente sexual, y el órgano correspondiente como «zona erógena» del instinto parcial de ella emanado.

En las tendencias perversas que dan a la cavidad bucal y al orificio anal una significación sexual, el papel de la zona erógena se descubre sin dificultad ninguna, pues puede observarse con toda precisión que dicha zona se conduce como una parte del aparato genital.

En la histeria, estas partes del cuerpo y las mucosas que a ellas corresponden llegan a ser, bajo la excitación de los procesos sexuales normales, la residencia de nuevas sensaciones y transformaciones de la inervación —y hasta de procesos que pueden compararse a la erección—, al igual de los genitales propiamente dichos.

La importancia de las zonas erógenas como aparatos accesorios y subrogados de los genitales aparece en la histeria más claramente que en ninguna otra de la psiconeurosis, con lo cual no quiero afirmar que en otras formas de la enfermedad deba concedérsele una menor atención. Lo que pasa es que en estas otras formas aparece menos claramente su actuación, porque en ellas (neurosis obsesiva, paranoia) la formación de síntomas tiene lugar en las regiones del aparato psíquico más alejadas de los centros que rigen las funciones físicas. En la neurosis obsesiva lo más singular es la importancia de los impulsos, los cuales crean nuevos fines de las zonas erógenas. Sin embargo, en el placer de contemplación y exhibición, el ojo constituye una zona erógena, y en los componentes de dolor y de crueldad del instinto sexual lo que adopta esta misión es la piel, que en determinadas partes del cuerpo se ha diferenciado para constituir los órganos de los sentidos y ha sufrido modificaciones hasta formar las mucosas, siendo, por tanto, la zona erógena (por excelencia).

6

EXPLICACIÓN DEL APARENTE PREDOMINIO DE LA SEXUALIDAD PERVERSA EN LAS PSICONEUROSIS

Las explicaciones anteriores han falseado, quizá, el concepto de la sexualidad de los psiconeuróticos. Parece resultar de ellas que la disposición constitucional de los mismos los aproxima a la perversión, alejándolos, en cambio, otro tanto de lo normal. Es muy posible, en efecto, que la disposición constitucional de estos enfermos, además de una exagerada cantidad de represión sexual y una exagerada energía del instinto sexual, contenga una extraordinaria inclinación perversa en su más amplio sentido. Pero la investigación de los casos menos graves enseña que esta última hipótesis no es absolutamente necesaria, o por lo menos no debe contarse con ella obligadamente en el juicio de los efectos morbosos. En la mayoría de los psiconeuróticos la enfermedad aparece después de la pubertad y bajo las exigencias de la vida sexual normal. Contra ésta se alza ante todo la represión o surge la enfermedad a causa de que la libido ve llegada su satisfacción por medios normales.

En ambos casos la libido se conduce como una corriente cuyo lecho principal fuera desplazado y llenase los caminos colaterales, que hasta el momento habían permanecido, quizá, vacíos. De este modo, la tendencia de los psiconeuróticos a las perversiones —tan intensa aparentemente y siempre negativa está, quizá, colateralmente condicionada o, por lo menos, colateralmente reforzada. El hecho es que la represión sexual debe colocarse como factor interior al lado de aquellos otros, exteriores, constituidos por la limitación de libertad, inasequibilidad del objeto normal sexual, peligros del acto sexual normal, etc., factores que hacen aparecer todo género de perversiones en individuos que de otro modo hubieran permanecido normales.

En los casos individuales de neurosis pueden aparecer grandes diferencias, siendo unas veces el factor regulador el grado innato de inclinación a la perversión, y otras, la elevación colateral del mismo por el apartamiento de la libido del objeto y del fin sexual normal. Sería injusto construir una antítesis donde lo que hay es una relación de cooperación. La neurosis producirá sus más altos rendimientos cuando la constitución y los sucesos exteriores actúen conjuntamente en el mismo sentido. Una constitución francamente orientada hacia la neurosis podrá prescindir del apoyo de las experiencias vividas, y un suceso traumático podrá producir la neurosis en un individuo de constitución media. Este punto de vista es también válido en otros distintos sectores en cuanto se trata de la importancia etiológica del elemento congénito y del elemento adquirido. Si se prefiere suponer que la tendencia a las perversiones es una de las características de la constitución psiconeurótica, cabrá diferenciar muy diversas constituciones de este género, según la zona erógena o el instinto parcial que predominen. Lo que aún no se ha averiguado es si existe una relación particular entre cierta disposición perversa y una determinada forma patológica.

Este punto, como muchos otros de ese sector, no ha sido todavía estudiado.

7

INDICACIÓN DEL INFANTILISMO DE LA SEXUALIDAD

El descubrimiento de los impulsos perversos como agentes de la producción de síntomas en las psiconeurosis ha elevado considerablemente el número de hombres que pueden contarse entre los perversos. No es sólo que los neuróticos constituyan una numerosa clase humana; es también que la neurosis, con todas sus formas, constituye una serie que conduce hasta el tipo normal, circunstancia que ha permitido a Moebius afirmar muy justificadamente que todos somos algo histéricos. En consecuencia, la extraordinaria difusión de las perversiones nos impone la hipótesis de que tampoco la disposición a las mismas es una excepción, sin que forma parte de la constitución considerada como normal.

Como ya hemos visto, se ha discutido mucho sobre si las perversiones dependen de condiciones congénitas o tienen su origen en impresiones casuales, según lo admite Binet con respecto al fetichismo. Por nuestra parte, creemos posible decidir la cuestión con la hipótesis de que en las perversiones existe, desde luego, algo congénito, pero algo que es congénito en todos los hombres, constituyendo una disposición general de intensidad variable, que puede ser acentuada por las influencias exteriores. Se trata de raíces innatas del instinto sexual, que, en una serie de casos, se desarrollan hasta constituirse en verdaderos substratos de la actividad sexual (perversión) y otras veces experimentan una represión insuficiente y, dando un rodeo, se apoderan, como síntomas patológicos, de una gran parte de la energía sexual, mientras que en los casos más favorables entre ambos extremos hacen surgir, por una limitación efectiva y una elaboración determinada, la vida sexual normal.

Diremos, además, que la constitución supuesta que muestra las semillas de todas las perversiones no puede ser revelada más que en los niños, aunque en ellos no aparezcan todos estos instintos más que en una modesta intensidad. De esta manera llegamos a la fórmula de que los neuróticos conservan su sexualidad en estado infantil o han retrocedido hasta él. Por tanto, nuestro interés se dirigirá hacia la vida sexual de los niños, y perseguiremos en ellos el funcionamiento de las influencias que rigen el proceso evolutivo de la sexualidad infantil hasta su desembocadura en la perversión, en la neurosis o en la vida sexual normal.

LA SEXUALIDAD INFANTIL

Negligencia de lo infantil.— De la concepción popular del instinto sexual forma parte la creencia de que falta durante la niñez, no apareciendo hasta el período de la pubertad. Constituye esta creencia un error de consecuencias graves, pues a ella se debe principalmente nuestro actual desconocimiento de las circunstancias fundamentales de la vida sexual. Un penetrante estudio de las manifestaciones sexuales infantiles nos revelaría probablemente los rasgos esenciales del instinto sexual, descubriéndonos su desarrollo y su composición de elementos procedentes de diversas fuentes.

No deja de ser singular el hecho de que todos los autores que se han ocupado de la investigación y explicación de las cualidades y reacciones del individuo adulto hayan dedicado mucha más atención a aquellos tiempos que caen fuera de la vida del mismo; esto es, a la vida de sus antepasados que a la época infantil del sujeto, reconociendo, por tanto, mucha más influencia a la herencia que a la niñez.

Y, sin embargo, la influencia de este período de la vida sería más fácil de comprender que la de la herencia y debería ser estudiada preferentemente.

En la literatura existente sobre esta materia hallamos, desde luego, algunas observaciones referentes a prematuras actividades sexuales infantiles, erecciones, masturbación o incluso actos análogos al coito, pero siempre como sucesos excepcionales y curiosos o como ejemplos de una temprana corrupción. No sé de ningún autor que haya reconocido claramente la existencia de un instinto sexual en la infancia, y en los numerosos trabajos sobre el desarrollo del niño falta siempre el capítulo relativo al desarrollo sexual.

Amnesia infantil.— La razón de esta singular negligencia me parece hallarse, en parte, en consideraciones convencionales de los autores, consecuencia de su propia educación, y, por otro lado, en un fenómeno psíquico que hasta ahora ha eludido toda explicación. Me refiero a la peculiar amnesia que oculta a los ojos de la mayoría de los hombres, aunque no de todos, los primeros años de su infancia hasta el séptimo o el octavo. No se nos habría ocurrido hasta ahora maravillarnos de esta amnesia, aunque había gran razón para ello, pues los que durante la infancia nos han rodeado nos comunican posteriormente que en estos años, de los que nada hemos retenido en nuestra memoria, fuera de algunos incomprensibles recuerdos fragmentarios, hubimos de reaccionar vivamente ante determinadas impresiones, sabiendo ya exteriorizar en forma humana dolores y alegrías, mostrando abrigar amor, celos y otras pasiones que nos conmovían violentamente, y ejecutando actos que fueron tomados por los adultos como prueba de una naciente capacidad de juicio. Mas de esto no recordamos nada al llegar a la edad adulta. ¿Por qué razón permanece tan retrasada nuestra memoria con respecto a nuestras demás actividades anímicas, cuando tenemos fundados motivos para suponer que en ninguna otra época es esta facultad tan apta como en los años de la infancia para recoger las impresiones y reproducirlas luego?.

De otro lado hemos de suponer, o podemos convencernos de ello por la investigación psicológica, que las impresiones olvidadas, no por haberlo sido, han desaparecido de nuestra memoria sin dejar hondísima huella en nuestra vida psíquica y haber constituido una enérgica determinante de todo nuestro ulterior desarrollo. No puede existir, por tanto, una real desaparición de las impresiones infantiles; debe más bien tratarse de una amnesia análoga a aquella que comprobamos en los neuróticos con respecto a los sucesos sobrevenidos en épocas más avanzadas de la vida y que consiste en una mera exclusión de la consciencia (represión).

Mas ¿cuáles son las fuerzas que llevan a cabo esta represión de las impresiones infantiles? El que resolviera este problema habría aclarado definitivamente la esencia de la amnesia histérica.

De todos modos, hemos de señalar que la existencia de la amnesia infantil nos proporciona un nuevo punto de comparación entre el estado anímico del niño y el del psiconeurótico, entre los cuales descubrimos ya una analogía al inferir que la sexualidad de los psiconeuróticos conserva la esencia infantil o ha retrocedido hasta ella. ¿Por qué, pues, no ha de poder referirse también la amnesia infantil a las emociones sexuales de la niñez?

Esta posible conexión de la amnesia infantil con la histérica entraña máxima importancia. La amnesia histérica, puesta al servicio de la represión, es tan sólo explicable por la circunstancia de que ya el individuo posee un acervo de huellas mnémicas que han sido sustraídas a la disposición consciente y que atraen, por conexión asociativa, aquellos elementos sobre los cuales actúan, desde la consciencia, las fuerzas repelentes de la represión. Sin la amnesia infantil puede decirse que no existiría la amnesia histérica.

Opino, pues, que la amnesia infantil, que convierte para cada individuo la propia niñez en algo análogo a una época prehistórica y oculta a sus ojos los comienzos de su vida sexual, es la culpable de que, en general, no se conceda al período infantil un valor en cuanto al desarrollo de la vida sexual. Un único observador no puede llenar las lagunas que esto ha producido en nuestro conocimiento. Ya en 1896 hice yo resaltar la importancia de los años infantiles en la génesis de determinados fenómenos esenciales, dependientes de la vida sexual, y desde entonces no se ha cesado de llamar la atención sobre el factor infantil en todo lo referente a las cuestiones sexuales.

1

EL PERÍODO DE LATENCIA SEXUAL DE LA INFANCIA Y SUS INTERRUPCIONES

Los hallazgos extraordinariamente frecuentes de impulsos sexuales, supuestamente excepcionales en la infancia, así como el descubrimiento de los recuerdos infantiles inconscientes de los neuróticos, permiten bosquejar el siguiente cuadro de la conducta sexual durante la época infantil.

Parece cierto que el recién nacido trae consigo al mundo impulsos sexuales en germen, que, después de un período de desarrollo, van sucumbiendo a una represión progresiva la cual puede ser interrumpida a su vez por avances regulares del desarrollo sexual o detenida por particularidades individuales.

Sobre las leyes y períodos de este proceso evolutivo oscilante no se conoce nada con seguridad. Parece, sin embargo, que la vida sexual de los niños se manifiesta ya en una forma observable hacia los años tercero y cuarto.

Inhibiciones sexuales.— Durante este período de latencia, total o simplemente parcial, se constituyen los poderes anímicos que luego se oponen al instinto sexual y lo canalizan, marcándole su curso a manera de dique. Ante los niños nacidos en una sociedad civilizada experimentamos la sensación de que estos diques son una obra de la educación, lo cual no deja de ser, en gran parte, cierto. Pero, en realidad, esta evolución se halla orgánicamente condicionada y fijada por la herencia y puede producirse sin auxilio ninguno por parte de la educación. Esta última se mantendrá dentro de sus límites, constriñéndose a seguir las huellas de lo orgánicamente preformado, imprimirlo más profundamente y depurarlo.

Formación reactiva y sublimación.— ¿Con qué elementos se constituyen estos diques tan importantes para la cultura y la normalidad ulteriores del individuo? Probablemente a costa de los mismos impulsos sexuales infantiles, que no han dejado de afluir durante este período de latencia, pero cuya energía es desviada en todo o en parte de la utilización sexual y orientada hacia otros fines. Los historiadores de la civilización coinciden en aceptar que este proceso, en el que las fuerzas instintivas sexuales son desviadas de sus fines sexuales y orientadas hacia otros distintos —proceso al que se da el nombre de sublimación—, proporciona poderosos elementos para todas las funciones culturales. Por nuestra parte añadiremos que tal proceso interviene igualmente en el desarrollo individual y que sus orígenes se remontan al período de latencia sexual infantil.

También sobre el mecanismo de esta sublimación puede formularse una hipótesis. Los impulsos sexuales de estos años infantiles serían inaprovechables, puesto que la función reproductora no ha aparecido todavía, circunstancia que constituye el carácter esencial del período de latencia. Pero, además, tales impulsos habrían de ser perversos de por sí, partiendo de zonas erógenas e implicando tendencias que, dada la orientación del desarrollo del individuo, sólo podrían provocar sensaciones displacientes. Harán, pues, surgir fuerzas psíquicas contrarias que erigirán para la supresión de tales sensaciones displacientes los diques psíquicos ya citados (repugnancia, pudor, moral).

Interrupciones del período de latencia.— Sin hacernos ilusiones sobre la naturaleza hipotética y la deficiente claridad de nuestro conocimiento de los procesos del período de latencia infantil queremos volver a la realidad para observar que esta utilización de la sexualidad infantil representa un ideal educativo, del cual se desvía casi siempre el desarrollo del individuo en algún punto y con frecuencia en muchos.

En la mayoría de los casos logra abrirse camino un fragmento de la vida sexual que ha escapado a la sublimación, o se conserva una actividad sexual a través de todo el período de latencia hasta el impetuoso florecimiento del instinto sexual en la pubertad. Los educadores se conducen —cuando conceden alguna atención a la sexualidad infantil— como si compartieran nuestras opiniones sobre la formación de los poderes morales de defensa a costa de la sexualidad, y como si supieran que la actividad sexual hace a los niños ineducados, pues persiguen todas las manifestaciones sexuales del niño como «vicios» aunque sin conseguir grandes victorias sobre ellos. Debemos, por tanto, dedicar todo nuestro interés a estos fenómenos tan temidos por la educación, pues esperamos que ellos nos permitan llegar al conocimiento de la constitución originaria del instinto sexual.

2

MANIFESTACIONES DE LA SEXUALIDAD INFANTIL

El «chupeteo» del pulgar.— Por motivos que veremos más adelante; tomaremos como tipo de las manifestaciones sexuales infantiles el «chupeteo» (succión productora del placer) a la cual ha dedicado un excelente estudio el pediatra húngaro Lindner.

La succión o el «chupeteo», que aparece ya en los niños de pecho y puede subsistir hasta la edad adulta e incluso conservarse en ocasiones a través de toda la vida, consiste en un contacto succionador rítmicamente repetido y verificado con los labios, acto al que falta todo fin de absorción de alimento. Una parte de los mismos labios, la lengua o cualquier otro punto asequible de la piel del mismo individuo (a veces hasta el dedo gordo de un pie), son tomados como objeto de la succión. Al mismo tiempo aparece a veces un instinto de aprehensión, que se manifiesta por un simultáneo pellizcar rítmico del lóbulo de la oreja, y puede también apoderarse de esta misma u otra cualquiera parte del cuerpo de otra persona con el mismo fin. La succión productora de placer está ligada con un total embargo de la atención y conduce a conciliar el sueño o a una reacción motora de la naturaleza del orgasmo.

Con frecuencia se combina con la succión productora de placer el frotamiento de determinadas partes del cuerpo de gran sensibilidad: el pecho o los genitales exteriores. Muchos niños pasan así de la succión a la masturbación.

Lindner ha reconocido claramente y ha hecho resaltar con toda audacia la naturaleza sexual de este acto. Frecuentemente se considera el «chupeteo» como una de las «mañas» sexuales del niño.

Numerosos pediatras y neurólogos niegan en absoluto esta hipótesis; mas su contraria opinión, fundada en una confusión entre lo sexual y lo genital, plantea el difícil e inevitable problema de establecer qué carácter general debe atribuirse a las manifestaciones sexuales de los niños. Por mi parte, opino que el conjunto de aquellas manifestaciones en cuya esencia hemos penetrado por medio de la investigación psicoanalítica nos da derecho a considerar el «chupeteo» como una manifestación sexual y a estudiar en ella precisamente los caracteres esenciales de la actividad sexual infantil.

Autoerotismo.— Debemos dedicar toda nuestra atención a este ejemplo. Hagamos resaltar, como el carácter más notable de esta actividad sexual, el hecho de que el instinto no se orienta en ella hacia otras personas. Encuentra su satisfacción en el propio cuerpo; esto es, es un instinto autoerótico para calificarlo con el feliz neologismo puesto en circulación por Havelock Ellis.

Se ve claramente que el acto de la succión es determinado en la niñez por la busca de un placer ya experimentado y recordado. Con la succión rítmica de una parte de su piel o de sus mucosas encuentra el niño, por el medio más sencillo, la satisfacción buscada.

Es también fácil adivinar en qué ocasión halla por primera vez el niño este placer, hacia el cual, una vez hallado, tiende siempre de nuevo. La primera actividad del niño y la de más importancia vital para él, la succión del pecho de la madre (o de sus subrogados), le ha hecho conocer, apenas nacido, este placer. Diríase que los labios del niño se han conducido como una zona erógena, siendo, sin duda, la excitación producida por la cálida corriente de la leche la causa de la primera sensación de placer. En un principio la satisfacción de la zona erógena aparece asociada con la del hambre. La actividad sexual se apoya primeramente en una de las funciones puestas al servicio de la conservación de la vida, pero luego se hace independiente de ella. Viendo a un niño que ha saciado su apetito y que se retira del pecho de la madre con las mejillas enrojecidas y una bienaventurada sonrisa, para caer en seguida en un profundo sueño, hemos de reconocer en este cuadro el modelo y la expresión de la satisfacción sexual que el sujeto conocerá más tarde. Posteriormente la necesidad de volver a hallar la satisfacción sexual se separa de la necesidad de satisfacer el apetito, separación inevitable cuando aparecen los dientes y la alimentación no es ya exclusivamente succionada, sino mascada.

El niño no se sirve, para la succión, de un objeto exterior a él, sino preferentemente de una parte de su propio cuerpo, tanto porque ello le es más cómodo como porque de este modo se hace independiente del mundo exterior, que no le es posible dominar aún, y crea, además, una segunda zona erógena, aunque de menos valor. El menor valor de esta segunda zona le hará buscar posteriormente las zonas correspondientes de otras personas; esto es, los labios. (Pudiera atribuirse al niño la frase siguiente: «Lástima que no pueda besar mis propios labios.»)

No todos los niños realizan este acto de la succión. Debe suponerse que llegan a él aquellos en los cuales la importancia erógena de la zona labial se halla constitucionalmente reforzada.

Si esta importancia se conserva, tales niños llegan a ser, en su edad adulta, inclinados a besos perversos, a la bebida y al exceso en el fumar; mas, si aparece la represión, padecerán de repugnancia ante la comida y de vómitos histéricos. Por la duplicidad de funciones de la zona labial, la represión se extenderá al instinto de alimentación. Muchas de mis pacientes con perturbaciones anoréxicas, globo histérico, opresión en la garganta y vómitos, habían sido en sus años infantiles grandes «chupeteadores».

En el acto de la succión productora de placer hemos podido observar los tres caracteres esenciales de una manifestación sexual infantil. Esta se origina apoyada en alguna de las funciones fisiológicas de más importancia vital, no conoce ningún objeto sexual, es autoerótica, y su fin sexual se halla bajo el dominio de una zona erógena. Anticiparemos ya que estos caracteres son aplicables asimismo a la mayoría de las demás actividades del instinto sexual infantil.

3

EL FIN SEXUAL DE LA SEXUALIDAD INFANTIL

Caracteres de las zonas erógenas.— Del ejemplo de la succión pueden deducirse aún muchos datos para el conocimiento de las zonas erógenas. Son éstas parte de la epidermis o de las mucosas en las cuales ciertos estímulos hacen surgir una sensación de placer de una determinada cualidad. No cabe duda que los estímulos productores de placer están ligados a condiciones especiales que no conocemos. El carácter rítmico debe juzgar entre ellas un importante papel. Menos decidida aún está la cuestión de si se puede considerar como «específico» el carácter de la sensación de placer que la excitación hace surgir. En esta «especificidad» estaría contenido el factor sexual.

En las cuestiones del placer y del dolor anda aún la Psicología tan a tientas, que la hipótesis más prudente es la que debe preferirse. Más tarde llegaremos quizá a bases sólidas sobre las cuales podamos apoyar la «especificidad» de la sensación de placer.

La cualidad erógena puede hallarse señaladamente adscrita a determinadas partes del cuerpo. Existen zonas erógenas predestinadas, como nos enseña el ejemplo del «chupeteo»; pero el mismo ejemplo nos demuestra también que cualquier otra región de la epidermis o de la mucosa puede servir de zona erógena; esto es, que posea a priori una determinada capacidad para serlo. Así, pues, la cualidad del estímulo influye más en la producción de placer que el carácter de la parte del cuerpo correspondiente. El niño que ejecuta la succión busca por todo su cuerpo y escoge una parte cualquiera de él, que después, por la costumbre, será la preferida. Cuando en esta busca tropieza con una de las partes predestinadas (pezón, genitales), conservará ésta siempre tal preferencia. Una capacidad de desplazamiento análoga reaparece después en la sintomatología de la histeria. En esta neurosis, la represión recae principalmente sobre las zonas genitales propiamente dichas y éstas transmiten su excitabilidad a las restantes zonas erógenas, que en la vida adulta han pasado a un segundo término y que en estos casos vuelven a comportarse nuevamente como genitales. Pero, además, como sucede en la succión, toda otra parte del cuerpo puede llegar a adquirir igual excitabilidad que los genitales y ser elevada a la categoría de zona erógena. Las zonas erógenas y las histerógenas muestran los mismo caracteres.

Fin sexual infantil.— El fin sexual del instinto infantil consiste en hacer surgir la satisfacción por el estímulo apropiado de una zona erógena elegida de una u otra manera. Esta satisfacción tiene que haber sido experimentada anteriormente para dejar una necesidad de repetirla, y no debe sorprendernos hallar que la naturaleza ha encontrado medio seguro de no dejar entregado al azar el hallazgo de tal satisfacción. Con respecto a la zona bucal, hemos visto ya que el dispositivo que llena esta función es la simultánea conexión de esta parte del cuerpo con la ingestión de los alimentos. Ya iremos encontrando otros dispositivos análogos como fuentes de la sexualidad. El estado de necesidad que exige el retorno de la satisfacción se revela en dos formas distintas: por una peculiar sensación de tensión, que tiene más bien un carácter displaciente, y por un estímulo o prurito, centralmente condicionado y proyectado en la zona erógena periférica.

Puede, por tanto, formularse también el fin sexual diciendo que está constituido por el acto de sustituir el estímulo proyectado en la zona erógena por aquella otra excitación exterior que hace cesar la sensación de prurito, haciendo surgir la de satisfacción. Esta excitación exterior consistirá, en la mayoría de los casos, en una manipulación análoga a la succión.

El hecho de que la necesidad pueda ser también despertada periféricamente, por una verdadera transformación de la zona erógena concuerda perfectamente con nuestros conocimientos psicológicos. Únicamente puede extrañarnos que una excitación necesite para cesar una segunda y nueva excitación producida en mismo sitio.

4

LAS MANIFESTACIONES
SEXUALES MASTURBATORIAS

Comprobamos con satisfacción que ya no nos queda mucho que averiguar acerca de la actividad sexual infantil, una vez que el examen de una única zona erógena nos ha revelado los caracteres esenciales del instinto. Las diferencias principales se refieren tan sólo al procedimiento empleado para alcanzar la satisfacción. Este procedimiento, que para la zona buco-labial consistía, según ya hemos visto, en la succión, quedaría constituido por otras distintas actividades musculares, según la situación y las propiedades de la zona erógena de que se trate.

Actividad de la zona anal.— También la zona anal es, como la zona buco-labial, muy apropiada por su situación para permitir el apoyo de la sexualidad en otras funciones fisiológicas. La importancia erógena originaria de esta zona ha de suponerse muy considerable. Por medio del psicoanálisis llegamos a conocer, no sin asombro, qué transformación experimentan las excitaciones sexuales emanadas de la zona anal y con cuánta frecuencia conserva esta última, a través de toda la vida, cierto grado de excitabilidad genital. Los trastornos intestinales, tan frecuentes en los años infantiles, hacen que no falten nunca a esta zona intensas excitaciones. Los catarros intestinales padecidos en la infancia convierten al sujeto —empleando la expresión corriente— en un individuo «nervioso», y ejercen, en posteriores enfermedades de carácter neurótico, una influencia determinante sobre las manifestaciones sintomáticas de la neurosis, a cuya disposición ponen una gran cantidad de trastornos digestivos. Teniendo en cuenta el carácter erógeno de la zona anal, el cual es conservado permanentemente por la misma, cuando menos en una forma modificada, no podremos ya burlarnos de la antigua opinión médica que atribuía a las hemorroides una gran importancia para la génesis de ciertos estados neuróticos.

Aquellos niños que utilizan la excitabilidad erógena de la zona anal, lo revelan por el hecho de retardar el acto de la excreción, hasta que la acumulación de las materias fecales produce violentas contracciones musculares, y su paso por el esfínter, una viva excitación de las mucosas.

En este acto, y al lado de la sensación dolorosa, debe de aparecer una sensación de voluptuosidad. Uno de los mejores signos de futura anormalidad o nerviosidad es, en el niño de pecho, la negativa a verificar el acto de la excreción cuando se le sienta sobre el orinal; esto es, cuando le parece oportuno a la persona que está a su cuidado, reservándose el niño tal función para cuando a él le parece oportuno verificarla. Naturalmente, el niño no da importancia a ensuciar su cuna o sus vestidos, y sólo tiene cuidado de que al defecar no se le escape la sensación de placer accesoria. Las personas que rodean a los niños sospechan también aquí la verdadera significación de este acto considerando como un «vicio» del niño la resistencia a defecar en el orinal.

El contenido intestinal se conduce, pues al desempeñar la función de cuerpo excitante de una mucosa sexualmente sensible, como precursor de otro órgano que no entrará en acción sino después de la infancia. Pero, además, entraña para el infantil sujeto otras varias e importantes significaciones. El niño considera los excrementos como una parte de su cuerpo y les da la significación de un «primer regalo», con el cual puede mostrar su docilidad a las personas que le rodean o su negativa a complacerlas. Desde esta significación de «regalo» pasan los excrementos a la significación de «niño»; esto es, que según una de las teorías sexuales infantiles representan un niño concebido por el acto de la alimentación y parido por el recto.

La retención de las masas fecales intencionada, por tanto, al principio, para utilizarlas en calidad de excitación masturbadora de la zona anal o como un medio de relación del niño, constituye además una de las raíces del estreñimiento tan corriente en los neurópatas. La importancia de la zona anal se refleja luego en el hecho de que se encuentran pocos neuróticos que no posean sus usos y ceremonias especiales, escatológicos, mantenidos por ellos en el más profundo secreto.

En los niños de más edad no es nada raro hallar una excitación masturbatoria de la zona anal con ayuda de los dedos y provocada por un prurito condicionado centralmente o mantenido periféricamente.

Actividad de las zonas genitales.— Entre las zonas erógenas del cuerpo infantil hállase una que si ciertamente no desempeña el papel principal ni puede ser tampoco el substracto de las primeras excitaciones sexuales, está, sin embargo, destinada a adquirir una gran importancia en el porvenir.

Tanto en el sexo masculino como en el femenino se halla esta zona relacionada con la micción (pene, clítoris), y en los varones, encerrada en un saco mucoso, de manera que no pueden faltarle estímulos, producidos por las secreciones, que aviven tempranamente la excitación sexual.

Las actividades sexuales de esta zona erógena, que pertenecen al verdadero aparato sexual, constituyen el comienzo de la ulterior vida sexual «normal».

La situación anatómica, el contacto con las secreciones, los lavados y frotamientos de la higiene corporal y determinadas excitaciones accidentales (como la emigración de los oxiuros en las niñas), hacen inevitable que la sensación de placer que puede emanar de esta parte del cuerpo se haga notar en los niños ya en su más temprana infancia y despierte en ellos un deseo de repetición. Si consideramos el conjunto de circunstancias antes apuntadas y pensamos que la aplicación de las reglas de higiene corporal produce resultados excitantes iguales a los que la suciedad produciría, habremos de concluir que el onanismo del niño de pecho, al cual no escapa ningún individuo, prepara la futura primacía de esta zona erógena con respecto a la actividad sexual. El acto que hace cesar el estímulo y determina la satisfacción consiste en un frotamiento con la mano o en una presión en los muslos, uno contra otro. Este último acto es el más frecuente en las muchachas. La preferencia de los niños por el frotamiento con la mano nos indica qué importantes aportaciones proporcionará en lo futuro el instinto de aprehensión a la actividad sexual masculina.

Para mayor claridad, distinguiremos tres fases de la masturbación infantil; la primera de ellas pertenece a la edad de la lactancia; la segunda, a la corta época de florecimiento de la actividad sexual, aproximadamente hacia el cuarto año, y solamente la tercera corresponde a la masturbación de la pubertad, que es casi la única a que hasta hoy se ha dado importancia.

Segunda fase de la masturbación infantil.— La masturbación del niño de pecho desaparece aparentemente después de corto tiempo, pero puede conservarse sin solución de continuidad hasta la pubertad, constituyendo entonces la primera gran desviación del desarrollo propuesto a todo hombre civilizado. En los años infantiles posteriores a la lactancia, generalmente antes del cuarto año, suele despertar nuevamente el instinto sexual de esta zona genital y conservarse hasta una nueva represión o continuar sin interrupción ninguna. Se presentan aquí casos muy diferentes, para cuya explicación habríamos de analizar cada uno de ellos en particular, pero todas las peculiaridades de esta segunda actividad sexual infantil dejan en la memoria del individuo las más profundas huellas (inconscientes) y determinan el desarrollo de su carácter cuando sigue poseyendo salud, o la sintomatología de su neurosis cuando enferma después de la pubertad.

En este último caso se olvida este período sexual y se desplazan los recuerdos conscientes con él ligados. Ya he formulado mi opinión de que la amnesia infantil normal está ligada a esta actividad sexual infantil. La investigación psicoanalítica consigue volver a traer a la consciencia lo olvidado y hacer desaparecer de esta manera una obsesión emanada de este material psíquico inconsciente.

Retorno de la masturbación del niño de pecho.— La excitación sexual de la época de la lactancia retorna en los años infantiles antes indicados, como un prurito centralmente condicionado, que impulsa a la satisfacción onanista o como un proceso que, al igual de la polución que aparece en la época de la pubertad, alcanza la satisfacción sin ayuda de acto ninguno. Este último caso es el más frecuente en las muchachas durante la segunda mitad de la infancia. No se ha llegado a comprender totalmente su condicionalidad, y parece ser consecuencia, muchas veces, de un período anterior de onanismo activo. La sintomatología de estas manifestaciones sexuales es muy escasa. El aparato urinario aparece aquí en lugar del aparato genital, aún no desarrollado. La mayoría de las cistopatías que sufren los niños en esta época son perturbaciones sexuales. La enuresis nocturna corresponde, cuando no representa un ataque epiléptico, a una polución.

La reaparición de la actividad sexual depende de causas internas y motivos externos. La sintomatología de la neurosis y la investigación psicoanalítica nos ayudan a descubrir estas causas y a determinarlas con la mayor fijeza.

Más tarde hablaremos de las causas internas. Los motivos externos casuales presentan en esta época una importancia extraordinaria y duradera. Ante todo, hallamos la influencia de la seducción o corrupción, que trata a los niños tempranamente como objetos sexuales y les enseña, bajo circunstancias impresionantes, cómo lograr la satisfacción de las zonas genitales, satisfacción que luego permanecen, en la mayoría de los casos, obligados a renovar por medio del onanismo. Dicha influencia puede ser efectuada por personas adultas o por otros niños. No tengo que arrepentirme de la importancia dada por mí, en mi artículo sobre la etiología de la histeria, publicado en 1896, a estos casos de corrupción, aunque entonces no sabía aún cuántos individuos que no han salido, en años posteriores, de la normalidad sexual, puede también haber pasado por las mismas experiencias, y atribuí, por tanto, mayor importancia a la corrupción que a los factores dados en la constitución y en el desarrollo.

Es indudable que en los niños no es necesaria la corrupción o seducción para que en ellos se despierte la vida sexual, pues ésta puede surgir espontáneamente por causas interiores.

Disposición perversa polimórfica.— Es muy interesante comprobar que bajo la influencia de la seducción puede el niño hacerse polimórficamente perverso; es decir, ser inducido a toda clase de extralimitaciones sexuales. Nos enseña esto que en su disposición peculiar trae ya consigo una capacidad para ello. La adquisición de las perversiones y su práctica encuentran, por tanto, en él muy pequeñas resistencias, porque los diques anímicos contra las extralimitaciones sexuales; o sea, el pudor, la repugnancia y la moral, no están aún constituidos en esta época de la vida infantil o su desarrollo es muy pequeño. El niño se conduce en estos casos igual que el tipo corriente de mujer poco educada, en la cual perdura, a través de toda la vida, dicha disposición polimórfica perversa, pudiendo conservarse normalmente sexual, pero también aceptar la dirección de un hábil seductor y hallar gusto en toda clase de perversiones, adoptándolas en su actividad sexual. Esta disposición polimórfica, y, por tanto infantil, es utilizada por la prostituta para sus actividades profesionales, y dado el inmenso número de mujeres prostitutas y de aquellas a las cuales hay que reconocer capacidad para la prostitución aunque hayan escapado a su ejercicio profesional, es imposible no ver en esta disposición a todas las perversiones algo generalmente humano y originario.

Instintos parciales.— Por lo demás la influencia de la seducción no nos ayuda a descubrir los primeros misterios del instinto sexual sino que nubla nuestra capacidad de penetración hasta los mismos, guiando a los niños tempranamente hasta el objeto sexual del que en un principio no siente necesidad alguna el instinto sexual infantil. Sin embargo, debemos reconocer que la vida sexual infantil entraña también, por grande que sea el predominio de las zonas erógenas, tendencias orientadas hacia un objeto sexual exterior. A este orden pertenecen los instintos de contemplación, exhibición y crueldad, que más tarde se enlazarán estrechamente a la vida genital, pero que existen ya en la infancia, aunque con plena independencia de la actividad sexual erógena. El niño carece en absoluto de pudor y encuentra en determinados años de su vida un inequívoco placer en desnudar su cuerpo, haciendo resaltar especialmente sus órganos genitales. La contrapartida de esta tendencia, considerada perversa, es la curiosidad por ver los genitales de otras personas, y aparece en años infantiles algo posteriores, cuando el obstáculo que supone el pudor ha alcanzado ya un determinado desarrollo.

Bajo la influencia de la seducción, la curiosidad perversa puede alcanzar una gran importancia en la vida sexual del niño. Mas de mis investigaciones de los años infantiles, tanto de personas sanas como neuróticas, debo concluir que el instinto de contemplación puede surgir en el niño como una manifestación sexual espontánea. Aquellos niños de corta edad, cuya atención ha sido dirigida alguna vez —y en la mayoría de los casos por medio de la masturbación— sobre sus propios genitales, suelen encontrar la gradación siguiente sin auxilio exterior ninguno, desarrollando así un vivo interés por los genitales de sus compañeros de juego. Dado que la ocasión de satisfacer tal curiosidad no se presenta generalmente más que en el acto de la satisfacción de las dos necesidades excrementales, conviértense estos niños en voyeurs; esto es, en interesados espectadores de la expulsión de la orina o de los excrementos, verificada por otra persona. Tras de la represión de estas tendencias, consérvase la curiosidad de ver los genitales de otras personas (del sexo propio o del contrario) como un impulso martirizador que en algunos casos de neurosis constituye la más enérgica fuerza instintiva de formación de síntomas. Con una independencia aún mayor del resto de la actividad sexual, ligada a las zonas erógenas, se desarrollan en el niño los componentes crueles del instinto sexual. La crueldad es algo que forma parte del carácter infantil, dado que aún no se ha formado en él el obstáculo que detiene al instinto de aprehensión ante el dolor de los demás; esto es, la capacidad de compadecer. Aún no se ha logrado realizar satisfactoriamente el análisis psicológico de este instinto, pero debemos aceptar que la impulsión cruel proviene del instinto de dominio y aparece en la vida sexual en una época en la cual los genitales no se han atribuido todavía su posterior papel. Por tanto, la crueldad predomina durante toda una fase de la vida sexual, que más tarde describiremos como organización pregenital. Aquellos niños que se distinguen por una especial crueldad contra los animales y contra sus compañeros de juego despiertan, generalmente con razón, la sospecha de una intensa y temprana actividad sexual de las zonas erógenas. En igual temprana madurez de todos los instintos sexuales, la actividad sexual erógena parece ser la primaria. La falta de resistencia constituida por la compasión trae consigo el peligro de que esta conexión infantil de los instintos crueles con los erógenos se conserve inmutable durante toda la vida.

Todos los educadores saben, desde las Confesiones, de J. J. Rousseau, que la dolorosa excitación de la piel de las nalgas constituye una raíz erógena del instinto pasivo de crueldad; esto es, del masoquismo, y, por tanto, han deducido, con razón, que es necesario prescindir de aquellos castigos corporales que producen la excitación de esta parte del cuerpo de los niños, cuya libido puede ser empujada hacia caminos colaterales por las posteriores exigencias de la educación.

5

LA INVESTIGACIÓN SEXUAL INFANTIL

El instinto de saber.— Hacia la misma época en que la vida sexual del niño alcanza su primer florecimiento, esto es, del tercero al quinto año, aparecen en él los primeros indicios de esta actividad, denominada instinto de saber (Wissenstrieb) o instinto de investigación. El instinto de saber no puede contarse entre los componentes instintivos elementales ni colocarse exclusivamente bajo el dominio de la sexualidad. Su actividad corresponde, por un lado, a una aprehensión sublimada, y por otro, actúa con la energía del placer de contemplación. Sus relaciones con la vida sexual son, sin embargo, especialmente importantes, pues el psicoanálisis nos ha enseñado que el instinto de saber infantil es atraído —y hasta quizá despertado— por los problemas sexuales en edad sorprendentemente temprana y con insospechada intensidad.

El enigma de la esfinge.— Intereses prácticos, y no sólo teóricos, son los que ponen en marcha en el niño la obra de la actividad investigadora. La amenaza de sus condiciones de existencia por la aparición, real o simplemente sospechada, de un nuevo niño, y el temor de la pérdida que este suceso ha de acarrear para él con respecto a los cuidados y al amor de los que le rodean, le hacen meditar y tratar de averiguar el problema de esta aparición del hermanito. El primer problema de que el niño se ocupa no es, por tanto, el de la diferencia de los sexos, sino el enigma de la procedencia de los niños. Bajo un disfraz fácilmente penetrable, es también éste el problema cuya solución propone la esfinge tebana. El hecho de la existencia de dos sexos lo acepta el niño al principio sin resistencia ni sospecha alguna.

Para el niño es natural la suposición de que todas las personas que conoce poseen un órgano genital exacto al suyo y no puede sospechar en nadie la falta de este órgano.

Complejo de castración y envidia por la posesión del pene. —Esta convicción es enérgicamente conservada por el sujeto infantil, que la defiende frente a las contradicciones que la observación le muestra en seguida, y no la pierde hasta después de graves luchas interiores (complejo de castración). Las formaciones sustitutivas de este pene, que el niño supone perdido en la mujer, juegan en la morfología de numerosas y diversas perversiones un importantísimo papel.

La hipótesis de que ambos sexos poseen el mismo aparato genital (el masculino) es la primera de estas teorías sexuales infantiles tan singulares y que tan graves consecuencias pueden acarrear. De poco sirve al niño que la ciencia biológica dé la razón a sus prejuicios y reconozca el clítoris femenino como un verdadero equivalente del pene. La niña no crea una teoría parecida al ver los órganos genitales del niño diferentes de los suyos. Lo que hace es sucumbir a la envidia del pene, que culmina en el deseo, muy importante por sus consecuencias, de ser también un muchacho.

Teorías sobre el nacimiento.— Muchos hombres recuerdan claramente la intensidad con que se interesaron, en la época anterior a la pubertad, por el problema de la procedencia de los niños. Las infantiles soluciones anatómicas dadas al enigma son muy diversas: los niños salen del pecho, son sacados cortando el cuerpo de la mujer o surgen abriéndose paso por el ombligo. Estas investigaciones de los tempranos años infantiles se recuerdan raramente fuera del análisis, pues han sucumbido a la represión; pero sus resultados, cuando se logra atraerlos a la memoria, muestran todos una íntima analogía. Otra de las teorías infantiles es la de que los niños se conciben al comer alguna cosa determinada (como en las fábulas) y nacen saliendo del intestino como en el acto excrementicio. Estas teorías del niño recuerdan la forma del parto en el reino animal, y especialmente la cloaca de aquellos tipos zoológicos de especies inferiores a los mamíferos.

Concepción sádica del acto sexual.— Cuando los niños son espectadores, en esta edad temprana, del acto sexual entre los adultos, a lo cual da facilidades la convicción corriente de que el niño no llega a comprender aún nada de carácter sexual, no pueden por menos de considerar el acto sexual como una especie de maltratado o del abuso de poder; esto es, en un sentido sádico. El psicoanálisis nos demuestra que tal impresión, recibida en temprana edad infantil, tiene gran importancia para originar una predisposición a un posterior desplazamiento sádico del fin sexual.

Los niños que han contemplado una vez la realización del acto sexual siguen ocupándose con el problema de en qué consiste aquel acto o, como ellos dicen, en qué consiste el estar casado, y buscan la solución del misterio en una comunidad facilitada por la función de expulsar la orina o los excrementos.

Fracaso típico de la investigación sexual infantil.— En general puede decirse que las teorías sexuales infantiles son imágenes de la propia constitución sexual del niño, y que, a pesar de sus grotescos errores, indican más comprensión de los procesos sexuales de la que se sospecharía en sus creadores.

Los niños advierten la transformación producida por el embarazo en su madre y saben interpretarla muy justamente.

La fábula de la cigüeña es escuchada a veces por ellos con una profunda desconfianza, generalmente muda; pero, dado que la investigación sexual infantil desconoce siempre los elementos: el papel fecundante del semen y la existencia del orificio vaginal, puntos en los cuales la organización infantil aún no está completada, los trabajos de la investigación infantil permanecen infructuosos y terminan en una renuncia que produce muchas veces una interrupción duradera del instinto de saber. La investigación sexual de estos años infantiles es llevada siempre a cabo solitariamente y constituye un primer paso del niño hacia su orientación independiente en el mundo, alejándole de las personas que le rodean y que antes habían gozado de su completa confianza.

6

FASES EVOLUTIVAS DE LA ORGANIZACIÓN SEXUAL

Hasta ahora hemos hecho resaltar como caracteres de la vida sexual infantil su esencia autoerótica; esto es, el encontrar su objeto en el propio cuerpo y el hecho de permanecer aislados y sin conexión todos los instintos parciales, tendiendo independientemente cada uno hacia la obtención de placer. El final del desarrollo está constituido por la llamada vida sexual normal del adulto, en la cual la consecución de placer entra al servicio de la función reproductora, habiendo formado los instintos parciales bajo la primacía de una única zona erógena; una firme organización para la consecución del fin sexual en un objeto sexual exterior.

Organizaciones pregenitales.— El estudio psicoanalítico de las inhibiciones y perturbaciones que aparecen en este proceso evolutivo nos permite descubrir nuevos agregados y grados preliminares de tal organización de los instintos parciales, que nos dejan deducir una especie de régimen sexual. Estas fases de la organización sexual transcurren normalmente sin dejar advertir su paso más que por muy breves indicios.

Sólo en los casos patológicos se activan y aparecen reconocibles a la investigación exterior.

Denominaremos pregenitales a aquellas organizaciones de la vida sexual en las cuales las zonas genitales no han llegado todavía a su papel predominante. Hasta ahora hemos conocido dos de estas organizaciones, que pueden considerarse como regresiones a primitivos estados zoomórficos.

La primera de estas organizaciones sexuales pregenitales es la oral o, si se quiere, caníbal. En ella, la actividad sexual no está separada de la absorción de alimentos. El objeto de una de estas actividades es también objeto de la otra, y el fin sexual consiste en la asimilación del objeto, modelo de aquello que después desempeñará un importantísimo papel psíquico como identificación.

Como resto de esta fase de organización ficticia y que sólo la patología nos fuerza a admitir puede considerarse la succión, en la cual la actividad alimenticia ha sustituido el objeto exterior por uno del propio cuerpo (chupeteo del pulgar).

Una segunda fase pregenital es la de la organización sádico-anal. En ella la antítesis que se extiende a través de toda la vida sexual está ya desarrollada; pero no puede ser aún denominada masculina y femenina, sino simplemente activa y pasiva. La actividad está representada por el instinto de aprehensión, y como órgano con fin sexual pasivo aparece principalmente la mucosa intestinal erógena. Para ambas tendencias existen objetos, pero no coincidentes. Al mismo tiempo actúan autoeróticamente otros instintos parciales. En esta fase aparecen ya, por tanto, la polaridad sexual y el objeto exterior. La organización y la subordinación a la función reproductora faltan todavía.

Ambivalencia.— Esta forma de organización sexual puede conservarse a través de toda la vida y apropiarse gran parte de la actividad sexual. El predominio del sadismo y el papel de cloaca en la zona anal le prestan un marcado sello arcaico. Otro de sus caracteres es el de que las tendencias antagónicas son de igual fuerza, circunstancia para la cual ha creado Bleuler el término «ambivalencia».

La hipótesis de la existencia de organizaciones pregenitales en la vida sexual está fundada en el análisis de las neurosis, y solamente en relación con estos análisis puede estudiársela. Debemos esperar que continuadas investigaciones analíticas nos proporcionen más datos sobre la construcción y el desarrollo de la función sexual normal.

Para completar el cuadro de la vida sexual infantil debe añadirse que con frecuencia o regularmente tiene ya lugar en los años infantiles una elección de objeto tal y como vimos era característica de la fase de la pubertad; elección que se verifica orientándose todos los instintos sexuales hacia una única persona, en la cual desean conseguir sus fines.

Esta es la mayor aproximación posible en los años infantiles a la constitución definitiva de la vida sexual posterior a la pubertad. La diferencia está tan sólo en que la síntesis de los instintos parciales y su subordinación a la primacía de los genitales no se verifica en la niñez, o sólo se verifica muy imperfectamente. La formación de esta primacía en aras de la reproducción, es, por tanto, la última fase de la organización sexual.

Los dos tiempos de la elección de objeto.— Puede considerarse como un fenómeno típico el que la elección de objeto se verifique en dos fases: la primera comienza en los años que van del segundo al quinto, es detenida o forzada a una regresión por la época de latencia y se caracteriza por la naturaleza infantil de sus fines sexuales. La segunda comienza con la pubertad y determina la constitución definitiva de la vida sexual.

El hecho de que la elección de objeto se realice en dos períodos separados por el de latencia, es de gran importancia en cuanto a la génesis de ulteriores trastornos del estado definitivo. Los resultados de la elección infantil de objeto alcanzan hasta épocas muy posteriores, pues conservan intacto su peculiar carácter o experimentan en la pubertad una renovación. Mas llegado este período y a consecuencia de la represión que tiene lugar entre ambas fases, se demuestran, sin embargo, como utilizables. Sus fines sexuales han experimentado una atenuación y representan entonces aquello que pudiéramos denominar corriente de ternura de la vida sexual.

Sólo la investigación psicoanalítica puede demostrar que detrás de esta ternura, respeto y consideración se esconden las antiguas corrientes sexuales de los instintos parciales infantiles, ahora inutilizables.

La elección de objeto en la época de la pubertad tiene que renunciar a los objetos infantiles y comenzar de nuevo como corriente sensual. La no coincidencia de ambas corrientes da con frecuencia el resultado de que uno de los ideales de la vida sexual, la reunión de todos los deseos en un solo objeto, no pueda ser alcanzado.

7

FUENTES DE LA SEXUALIDAD INFANTIL

En la labor de perseguir los orígenes del instinto sexual hemos encontrado hasta ahora que la excitación sexual se origina:

a) Como formación consecutiva a una satisfacción experimentada en conexión con otros procesos orgánicos.

b) Por un apropiado estímulo periférico de las zonas erógenas.

c) Como manifestación de ciertos instintos cuyo origen no nos es totalmente conocido, tales como el instinto de contemplación y el de crueldad.

La investigación psicoanalítica regresiva, que descubre la niñez del adulto analizado, y la investigación directa de la vida infantil, nos han revelado otras fuentes regulares de la excitación sexual. La observación directa de los niños tiene el inconveniente de trabajar con objetos en los que fácilmente se incurre en error, y el psicoanálisis queda dificultado por el hecho de no poder llegar a sus objetos ni a sus resultados más que por medio de grandes rodeos. Mas con la acción conjunta de ambos métodos investigativos se consigue un grado satisfactorio de seguridad de conocimiento.

En la investigación de las zonas eróticas hemos encontrado que estas partes de la epidermis no muestran más que una especial elevación de un género de excitabilidad que, en cierto modo, es poseído por toda la superficie del cuerpo. Por tanto, no nos maravillemos de ver que determinadas excitaciones generales de la epidermis poseen afectos erógenos muy definidos. Entre ellas debemos hacer resaltar las producidas por la temperatura, hecho que nos ayuda a comprender los efectos terapéuticos de los baños calientes.

Excitaciones mecánicas.— Debemos añadir aquí la producción de la excitación sexual por conmociones mecánicas rítmicas del cuerpo, las cuales producen tres clases de efectos estimulantes, a saber: sobre el aparato sensorial de los nervios vestibulares, sobre la piel y sobre partes más profundas; esto es, los músculos y las articulaciones.

Antes de analizar las sensaciones de placer producidas por las excitaciones mecánicas haremos observar que en lo que sigue emplearemos indistintamente los términos «excitación» y «satisfacción», reservándonos para más adelante precisar el sentido de cada uno. El que el niño guste tanto de juegos en los que se produce un movimiento pasivo, como el de mecerse, y demande continuamente su repetición constituye una prueba del placer producido por ciertos movimientos mecánicos. Sabido es lo mucho que se usa el mecer a los niños de carácter inquieto para lograr hacerles conciliar el sueño. El movimiento producido por los viajes en coche y más tarde en ferrocarril ejerce un efecto tan fascinador sobre el niño ya de alguna edad, que todos los muchachos tienen alguna vez en su vida el deseo de llegar a ser conductores o cocheros. Abrigan un misterioso interés de extraordinaria intensidad por todo lo referente a los viajes en ferrocarril y los convierten, en la época de la actividad fantástica (poco antes de la pubertad), en nódulo central de un simbolismo exquisitamente sexual.

La obsesiva conexión del viaje en ferrocarril con la sexualidad procede sin duda del carácter de placer de las sensaciones de movimiento. Si aparece una represión a este respecto, represión que transforma gran parte de las preferencias infantiles en objetos de desagrado, estos niños, cuando llegan a ser adultos, reaccionan con malestar y náuseas a todos los movimientos de carácter de columpio o vaivén, quedan agotados extraordinariamente por un viaje en ferrocarril o tienen ataques de angustia durante el viaje y se defienden contra la repetición de la experiencia penosa por medio de aquella neurosis cuyo síntoma es el miedo al ferrocarril.

Aquí se agrega (sin que aún haya podido llegarse a su comprensión) el hecho de que por la coincidencia del miedo al movimiento mecánico, con una conmoción mecánica, quede producida la grave neurosis traumática histeriforme. Debe suponerse, por lo menos, que estas influencias, que cuando son de pequeña intensidad devienen fuentes de excitación sexual, hacen surgir, cuando actúan en grado elevado, una profunda perturbación del mecanismo sexual.

Actividad muscular.— La actividad muscular es para los niños una necesidad de cuya satisfacción extraen un placer extraordinario. Que este placer tenga algo que ver con la sexualidad, ya entrañando una satisfacción sexual, ya originando una excitación de tal carácter, es una hipótesis que podrá sucumbir a las objeciones críticas que se alcen contra ella y que no dejarán de oponerse asimismo a la afirmación antes expuesta de que el placer producido por sensaciones de movimientos pasivos es de naturaleza sexual o actúa como excitante sexual. Pero el hecho es que muchos individuos nos han comunicado que los primeros signos de excitabilidad de sus genitales aparecieron durante un cuerpo a cuerpo con sus compañeros de juego, situación en la cual, además del esfuerzo muscular general, actúa el contacto de la piel del niño con la de su contrincante. La tendencia a la lucha muscular con determinada persona, así como, en años posteriores, la tendencia a la lucha oral, pertenece a los signos claros de la elección de objeto orientada hacia dicha persona. En la producción de la excitación sexual por la actividad muscular se hallará quizá una de las raíces del instinto sádico. Para muchos individuos la conexión entre la lucha y la excitación sexual codetermina la posterior orientación preferida de su instinto sexual.

Procesos afectivos.— Menos dudas aparecen en la observación de las restantes fuentes de excitación sexual de los niños. Es fácil fijar, por observaciones directas o por investigaciones posteriores, que todos los procesos afectivos intensos, hasta las mismas excitaciones aterrorizantes, se extienden hasta el dominio de la sexualidad, hecho que puede constituir asimismo una aportación a la inteligencia del efecto patógeno de tales emociones. En los colegiales, el miedo al examen o la tensión ante un deber de difícil solución pueden tener gran importancia, tanto para la aparición de manifestaciones sexuales como para su conducta en la escuela, pues en tales circunstancias aparece con frecuencia una sensación de excitación que lleva al tocamiento de los genitales o a un proceso análogo a la polución, con todas sus consecuencias perturbadoras. La conducta del niño en la escuela, que tantos problemas plantea a los profesores, debe relacionarse, en general, con su naciente sexualidad. El efecto sexualmente excitante de algunos afectos desagradables en sí; el temor, el miedo o el horror, se conserva en gran cantidad de hombres a través de toda la vida adulta y constituye la explicación de que tantas personas busquen la ocasión de experimentar tales sensaciones cuando determinadas circunstancias accesorias, esto es, la pertenencia de tales sensaciones a un mundo aparente, como el de la lectura o el del teatro, mitigan la gravedad de las mismas.

Si pudiera suponerse que también las sensaciones intensamente dolorosas poseen igual efecto erógeno, sobre todo cuando el dolor es mitigado o alejado por una circunstancia accesoria, podría hallarse en esta situación una de las raíces principales del instinto sádico-masoquista, en cuya heterogénea composición vamos penetrando poco a poco.

Trabajo intelectual.— Es, por último, innegable que la concentración de la atención en un trabajo intelectual, y en general toda tensión anímica, tienen por consecuencia una coexcitación sexual en muchos hombres, tanto adolescentes como adultos, excitación que es probablemente el único fundamento justificado para la de otra manera tan dudosa atribución de las perturbaciones nerviosas al «surmenage» psíquico.

Volviendo a considerar, después de estas indicaciones y pruebas, no expuestas aquí en su totalidad ni de un modo completo, las fuentes de la excitación sexual infantil, pueden sospecharse o reconocerse las siguientes generalidades: parece existir un especial cuidado en que el proceso de la excitación sexual, cuya esencia nos es cada vez más misteriosa, sea puesto en marcha, cuidando de ella ante todo, de un modo más o menos directo, las excitaciones de las superficies sensibles —tegumentos y órganos sensoriales— y de un modo inmediato los efectos excitantes ejercidos sobre determinadas partes consideradas como zonas erógenas.

En estas fuentes de la excitación sexual, el elemento regulador es la calidad de la excitación, aunque el elemento intensidad (en el dolor) no sea por completo indiferente. Pero, además, existen disposiciones orgánicas cuya consecuencia es la de hacer surgir la excitación sexual como efecto accesorio de una numerosa serie de procesos interiores en cuanto la intensidad de estos procesos ha traspasado determinadas fronteras cuantitativas. Los que hemos denominado instintos parciales de la sexualidad se derivan directamente de estas fuentes internas de la excitación sexual o se componen de aportaciones de tales fuentes y de las zonas erógenas. Es posible que nada importante suceda en el organismo que no contribuya con sus componentes a la excitación del instinto sexual.

No me parece posible, por ahora, lograr mayor claridad y seguridad en estas deducciones generales, y de esta imposibilidad hago responsable a dos factores. Es el primero, la novedad de este modo de considerar la cuestión, y el segundo, el hecho de que la esencia de la excitación sexual no es aún totalmente desconocida. Sin embargo, no quiero renunciar a hacer constar dos observaciones que permiten ampliar nuestro horizonte:

Diversas constituciones sexuales.— Así como antes vimos la posibilidad de fundamentar una diversidad de las constituciones sexuales innatas en la diversa formación y desarrollo de las zonas erógenas, podemos también intentar algo análogo con relación a las fuentes indirectas de la excitación sexual. Podemos aceptar que estas fuentes producen aportaciones en todos los individuos, pero no en todos de igual intensidad, y que en el mayor desarrollo de determinadas fuentes de la excitación sexual se halla un nuevo dato para la diferenciación de las diversas constituciones sexuales.

Caminos de influjo recíproco.— Dejando aparte la expresión figurada en la que durante tanto tiempo hablamos de «fuente» de excitación sexual, podemos llegar a la hipótesis de que todos los caminos de enlace que nos conducen a la sexualidad partiendo de otras funciones pueden ser recorridos también en sentido inverso. Si, por ejemplo, la dualidad de funciones de la zona labial es el fundamento de que en la alimentación surja simultáneamente una satisfacción sexual, el mismo factor nos permitiría también llegar a la comprensión de las perturbaciones de las funciones alimenticias cuando las funciones erógenas de la zona común estén perturbadas. Sabiendo que la concentración de la atención puede hacer surgir una excitación sexual, podemos llegar a la hipótesis de que por una actuación en el mismo camino, pero en dirección opuesta, el estado de excitación sexual puede influir en nuestra disponibilidad sobre la atención susceptible de ser dirigida.

Gran parte de la sintomatología de aquellas neurosis que yo derivo de las perturbaciones de los procesos sexuales se manifiesta en la perturbación de otras funciones físicas no sexuales, y esta influencia, hasta ahora incomprensible, se hace menos misteriosa cuando no representa más que la parte correspondiente en sentido opuesto a las influencias, entre las cuales se halla la producción de la excitación sexual.

Los mismos caminos por los que las perturbaciones sexuales se extienden a las restantes funciones físicas tienen también que servir a otras funciones importantes en estados normales. Por estos mismos caminos tienen que tener lugar la orientación del instinto sexual; esto es, la sublimación de la sexualidad.

Debemos cerrar este capítulo con la confesión de que sobre estos caminos, que existen ciertamente y que probablemente pueden recorrerse en ambos sentidos, existe muy poco seguramente conocido.

LA METAMORFOSIS DE LA PUBERTAD

CON el advenimiento de la pubertad comienzan las transformaciones que han de llevar la vida sexual infantil hacia su definitiva constitución normal. El instinto sexual, hasta entonces predominantemente autoerótico, encuentra por fin el objeto sexual. Hasta este momento actuaba partiendo de instintos aislados y de zonas erógenas que, independientemente unas de otras, buscaban como único fin sexual determinado placer. Ahora aparece un nuevo fin sexual, a cuya consecución tienden de consumo todos los instintos parciales, al paso de las zonas erógenas se subordinan a la primacía de la zona genital. Dado que el nuevo fin sexual determina funciones diferentes para cada uno de los dos sexos las evoluciones sexuales respectivas divergirán considerablemente. La del hombre es la más consecuente y la más asequible a nuestro conocimiento mientras que en la de la mujer aparece una especie de regresión. La normalidad, de la vida sexual se produce por la confluencia de las dos corrientes dirigidas sobre el objeto sexual y el fin sexual, la de ternura y la de sensualidad, la primera de las cuales acoge en sí lo que resta del florecimiento infantil de la sexualidad, constituyendo este proceso algo como la perforación de un túnel comenzada por ambos extremos simultáneamente.

El nuevo fin sexual, consistente, en el hombre, en la descarga de los productos sexuales, no es totalmente distinto del antiguo fin que se proponía tan sólo la consecución del placer, pues precisamente a este acto final del proceso sexual se enlaza un máximo placer. El instinto sexual se pone ahora al servicio de la función reproductora; puede decirse que se hace altruista.

Para que esta transformación quede perfectamente conseguida tiene que ser facilitada por la disposición original y por todas las peculiaridades del instinto.

Como siempre que en el organismo han de establecerse nuevas síntesis y conexiones para formar un complicado mecanismo, aparece también aquí el peligro de perturbaciones morbosas por defectuosa constitución de estos nuevos órdenes. Todas las perturbaciones morbosas de la vida sexual pueden considerarse justificadamente como inhibición del desarrollo.

1

PRIMACÍA DE LAS ZONAS GENITALES Y PLACER PRELIMINAR

Ante nuestros ojos aparecen claramente el punto inicial y el final del proceso evolutivo descrito; pero las transiciones merced a las cuales va constituyéndose este desarrollo permanecen todavía en la oscuridad y tendremos que dejar sin resolver más de un problema con ellas ligado.

Se ha escogido como lo esencial en los procesos de la pubertad lo más singular de los mismos; esto es, el manifiesto crecimiento de los genitales exteriores que durante el período de latencia de la niñez había quedado interrumpido hasta cierto punto. Simultáneamente, el desarrollo de los genitales internos ha avanzado tanto que pueden ya ser capaces de proporcionar productos sexuales, o, en el sexo femenino, acogerlos para la formación de un nuevo ser. De esta manera queda constituido un complicado aparato que espera su utilización.

Este aparato debe ser puesto en actividad por estímulos apropiados, los cuales pueden llegar a él por tres caminos diferentes: partiendo del mundo exterior, por excitación de las zonas erógenas que ya conocemos; del interior orgánico, por caminos que aún han de ser investigados, y de la vida anímica, que constituye un almacén de impresiones exteriores y una estación receptora de estímulos internos. Por todos estos tres caminos puede surgir la misma cosa: un estado que se denomina «excitación sexual» y se manifiesta por signos de dos géneros: anímicos y somáticos. Los signos anímicos consisten en una peculiar sensación de tensión, de un carácter altamente apremiante. Entre los diversos signos físicos aparece, en primer término, una serie de transformaciones de los genitales que tienen un sentido indudable, el de hallarse éstos dispuestos al acto sexual; o sea, preparados para su ejecución (erección del miembro viril y lubricación de la vagina).

La tensión sexual.— El carácter de tensión de la excitación sexual plantea un problema, cuya solución se muestra tan difícil como importante sería para la inteligencia de los procesos sexuales. A pesar de la diversidad de opiniones reinante sobre esta cuestión en la Psicología moderna, he de mantener mi aserto de que una sensación de tensión tiene que ser de carácter displaciente.

Prueba de ello es que tal sensación trae consigo un impulso a modificar la situación psicológica, cosa totalmente opuesta a la naturaleza del placer. Pero si se cuenta la tensión de la excitación sexual entre las sensaciones displacientes se tropieza en seguida con que dicha tensión es sentida como un placer. La tensión provocada por los procesos sexuales aparece siempre acompañada de placer, e incluso, las modificaciones preparatorias del aparato genital traen consigo una especie de satisfacción. ¿Cómo conciliar, entonces, la tensión displaciente con la sensación de placer?

Todo lo que se enlaza al problema del placer y el dolor toca en uno de los puntos más sensibles de la Psicología moderna. Procuraremos extraer del examen del caso particular aquí planteado la mayor suma de datos posibles, sin abarcar el problema en su totalidad. Consideremos primero la forma en que las zonas erógenas se someten al nuevo orden. Como ya sabemos, desempeñan en la iniciación de la excitación sexual un papel muy importante. Los ojos, que forman la zona erógena más alejada del objeto sexual, son también la más frecuentemente estimulada en el proceso de la elección por aquella excitación especial que emana de la belleza del objeto, a cuyas excelencias damos, así, el nombre de «estímulos» o «encantos». Esta excitación origina, al mismo tiempo que un determinado placer, un incremento de la excitación sexual o un llamamiento a la misma. Si a esto se añade la excitación de otra zona erógena, por ejemplo, de la mano que toca, el efecto es el mismo: una sensación de placer, incrementada en seguida por el placer producido por las transformaciones preparatorias, y, simultáneamente, una nueva elevación de la tensión sexual, que se convierte pronto en un displacer claramente perceptible cuando no le es permitido producir nuevo placer. Más transparente es aún otro caso: cuando, por ejemplo, en una persona no excitada sexualmente se estimula una zona erógena por medio de un tocamiento. Este tocamiento hace surgir una sensación de placer; pero al mismo tiempo es más apto que ningún otro proceso para despertar la excitación sexual que demanda una mayoración de placer. El problema está en cómo el placer experimentado hace surgir la necesidad de un placer mayor (es tocar el pecho de una mujer).

Mecanismo del placer preliminar.— Claramente aparece el papel desempeñado en esta cuestión por la zonas erógenas. Lo que era aplicable a una puede aplicarse a las demás.

Todas ellas son utilizadas para producir, bajo un estímulo apropiado, determinada aportación de placer, de la cual surge la elevación de la tensión, que por su parte debe hacer surgir la energía motora necesaria para llevar a término el acto sexual. La penúltima fase del mismo es, nuevamente, la apropiada excitación de una zona erógena, de la zona genital misma en el glans penis, por el objeto más apropiado para ello; esto es, la mucosa vaginal; bajo el placer que esta excitación produce se gana ahora, por caminos reflejos, la energía motora necesaria para hacer brotar la materia seminal. Este último placer es el de mayor intensidad y se diferencia de los demás en su mecanismo, siendo producido totalmente por una descarga y constituyendo un placer de satisfacción, con el cual se extingue temporalmente la tensión de la libido.

No me parece injustificado fijar por medio de un término especial esta diferencia esencial entre el placer producido por la excitación de las zonas erógenas y el producido por la descarga de la materia sexual. El primero puede ser denominado apropiadamente placer preliminar, en oposición al placer final o placer satisfactorio de la actividad sexual. El placer preliminar es el mismo que ya hubieron de provocar, aunque en menor escala, los instintos sexuales infantiles. El placer final es nuevo y, por tanto, se halla ligado probablemente a condiciones que no han aparecido hasta la pubertad. La fórmula para la nueva función de las zonas erógenas sería la siguiente: son utilizadas para hacer posible la aparición de mayor placer de satisfacción por medio del placer preliminar que producen y que se iguala al que producían en la vida infantil.

Hace poco tiempo he podido explicar otro ejemplo, perteneciente a un sector psíquico totalmente distinto, y en el cual un mayor efecto de placer era conseguido por medio de una sensación menor, que actuaba como cebo. También allí teníamos ocasión de aproximarnos a la esencia del placer.

Peligros del placer preliminar.— La conexión del placer preliminar con la vida sexual infantil queda corroborada por la función patógena que el primero puede ejercer. El mecanismo en que está incluido el placer preliminar entraña un peligro para la consecución del fin sexual normal; peligro que aparece cuando en un momento cualquiera de los procesos sexuales preparatorios resulta el placer preliminar demasiado grande, y su parte de tensión, demasiado pequeña. En este caso desaparece la energía instintiva necesaria para llevar a cabo o continuar el proceso sexual; el camino se acorta, y la acción preparatoria correspondiente se sustituye al fin sexual normal.

La práctica psicoanalítica nos ha revelado que esta sustitución indeseable tiene como premisa un excesivo aprovechamiento anterior de la zona erógena o el instinto parcial correspondiente, para la consecución de placer, durante la infancia. Si a esta premisa infantil se agregan luego otros factores que tiendan a crear una fijación, surgirá fácilmente una coerción de carácter obsesivo, que se opondrá a la inclusión del placer preliminar de que se trate en un nuevo mecanismo. Muchas perversiones no son, en efecto, sino tal detención en los actos preparatorios del proceso sexual.

La mejor garantía para este fallo del mecanismo sexual por la acción del placer preliminar estaría en una preformación infantil de la primacía de la zona genital. Esta primacía puede comenzar a indicarse en la segunda infancia (entre los ocho años y la pubertad). Las zonas genitales se conducen ya en esta época casi del mismo modo que en la madurez, apareciendo como substracto de excitaciones y de modificaciones preparatorias al ser experimentado un placer procedente de la satisfacción de otras zonas erógenas, aunque tales efectos carezcan aún de todo fin; eso es, no aporten nada conducente a la continuación del proceso sexual. Así, pues, ya en los años infantiles surge en el placer de satisfacción una cierta tensión sexual, si bien menos constante y más limitada. Se nos hace ahora comprensible cómo al tratar de las fuentes de la sexualidad pudimos afirmar justificadamente que el proceso de que venimos tratando actuaba produciendo una satisfacción sexual y, al mismo tiempo, como excitante sexual. Por último, observamos también que en un principio exageramos las diferencias entre la vida sexual infantil y la del adulto, debiendo ahora rectificar tales exageraciones. Las manifestaciones infantiles de la sexualidad no determinan tan sólo las desviaciones, sino también la estructura normal de la vida sexual del adulto.

2

EL PROBLEMA DE LA EXCITACIÓN SEXUAL

Hemos dejado sin aclarar el origen y la esencia de la tensión sexual, que surge simultáneamente con el placer en la satisfacción de las zonas erógenas. La hipótesis más próxima, o sea, la de que esta tensión surja del mismo placer, no sólo es por sí mismo inverosímil, sino que sucumbe a la observación de que en el máximo placer, o sea, el ligado a la descarga de los productos sexuales, no se produce tensión ninguna, sino que, por el contrario, cesa ésta en absoluto. El placer y la tensión sexuales no pueden, por tanto, estar ligados más que de un modo indirecto.

Función de las materias sexuales.— Además de que normalmente sólo la descarga de las materias sexuales pone fin a la excitación sexual, existen otros puntos de apoyo para relacionar la tensión sexual con los productos sexuales. En una vida continente acostumbra el aparato sexual descargarse de la materia sexual en períodos variables, pero no totalmente irregulares; descarga que va acompañada de una sensación de placer y tiene lugar durante una alucinación onírica nocturna, cuyo contenido es el acto sexual. En este proceso —la polución nocturna—es difícil negarse a reconocer que la tensión sexual, que sabe hallar como sustitutivo del acto sexual el corto camino alucinatorio, es una función de la acumulación de semen en el continente de los productos sexuales. En el mismo sentido testimonian las experiencias hechas sobre el agotamiento del mecanismo sexual. Cuando el acopio de semen se agota, no sólo es imposible la ejecución del acto sexual, sino que también falla la excitabilidad de las zonas erógenas, cuyo apropiado estímulo es incapaz entonces de producir placer. De este modo vemos que hasta para la excitabilidad de las zonas erógenas es imprescindible un determinado grado de tensión sexual.

Nos vemos, pues, impulsados a aceptar la hipótesis —que si no me equivoco está muy generalmente difundida— de que la acumulación de las materias sexuales crea y mantiene la tensión sexual quizá por el hecho de que la presión de estos productos sobre las paredes de los continentes actúa como estímulo sobre un centro medular, el cual transmite su excitación a centros superiores, surgiendo entonces en la consciencia la sensación de tensión. Si la excitación de las zonas erógenas eleva la tensión, ello tiene que suceder en razón a que dichas zonas están en una previa conexión anatómica con estos centros, en los que elevan el grado de la excitación, poniendo en marcha el acto sexual cuando la excitación es suficiente o estimulando cuando no lo es la producción de las materias sexuales.

El punto débil de esta teoría, aceptada por Krafft-Ebing en su descripción de los procesos sexuales, está en que, habiendo sido construida para explicar la actividad sexual del hombre adulto, dedica escasa atención a tres circunstancias, cuya explicación debería igualmente proporcionar. Son estas circunstancias las que se dan en la mujer, en el niño y en el castrado masculino. En estos tres casos no existe, en el mismo sentido que en el hombre, una acumulación de productos sexuales, lo cual quita valencia general a la teoría.

Quizá puedan encontrarse, sin embargo, datos que permitan incluir en ellas estos casos. De todos modos queda indicado que no se debe atribuir al efecto de la acumulación de productos sexuales funciones para las que parece incapaz.

Valoración de los órganos sexuales internos.— De observaciones verificadas en algunos castrados masculinos, en los que excepcionalmente la libido no había experimentado modificación ninguna tras de la castración, parece poder deducirse que la excitación sexual puede ser en un grado importante independiente de la producción de materiales sexuales. Además, es ya muy conocido que enfermedades que han destruido la producción de células sexuales masculinas han dejado intactas la libido y la potencia del individuo, no produciendo en el mismo más efecto que la esterilidad. No es tan maravilloso, como supone C. Rieger, el que la pérdida de las glándulas seminales masculinas en la edad madura pueda tener lugar sin producir influencia ninguna sobre la conducta psíquica del individuo. La castración efectuada en épocas anteriores a la pubertad se acerca, en cambio, en sus resultados, a una desaparición de los caracteres sexuales; mas, también en esto pudiera influir, además de la pérdida de las glándulas sexuales, una detención en el desarrollo de otros factores, ligado con la desaparición de aquéllas.

Teoría química.— Los experimentos verificados en animales vertebrados, efectuando la ablación de las glándulas seminales (testículos y ovarios), y el correspondiente injerto de nuevos órganos de este género (Lipschütz, 1919, locus citato, pág. 13) han aclarado, por fin, parcialmente el origen de la excitación sexual, rechazando aún más la importancia de una supuesta acumulación de los productos sexuales celulares. Ha sido posible realizar así el experimento (E. Steinach) de transformar un macho en hembra, y viceversa, experimento en el cual la conducta psicosexual del animal se transforma al mismo tiempo y en igual sentido que sus caracteres sexuales somáticos. Esta influencia determinante sexual no es sin embargo, atribuible a la glándula seminal, que produce las células específicas sexuales (espermatozoo-óvulo), sino al tejido intersticial de la misma, el cual ha sido denominado «glándula de la pubertad». Es muy posible que investigaciones subsiguientes descubran que la glándula de la pubertad posee normalmente una disposición hermafrodita, con la cual quedaría fundamentada automáticamente la teoría de la bisexualidad de los animales superiores, y ya es, por el momento muy verosímil que no sea esta glándula el único órgano relacionado con la producción de la excitación sexual y los caracteres sexuales.

De todos modos, este nuevo descubrimiento biológico se relaciona con el anteriormente verificado sobre la significación de la glándula tiroides para la sexualidad. Debemos, pues, creer que en la parte intersticial de las glándulas seminales se producen materias químicas especiales, que son acogidas por la corriente sanguínea, produciendo la carga de tensión sexual de determinadas partes del sistema nervioso central. Nos son ya conocidos varios ejemplos de tal transformación de una excitación tóxica, producida por sustancias tóxicas, introducidas en el organismo, en una excitación especial de un órgano. Cómo se origina la excitación sexual por estimulación de las zonas erógenas, dada una previa carga de los aparatos centrales, y qué mezcla de efectos excitantes, puramente tóxicos o fisiológicos, aparecen en estos procesos sexuales, es cosa de la que no podemos tratar ni siquiera hipotéticamente, pues no constituye una labor que pueda emprenderse por ahora. Como esencial para esta concepción de los procesos sexuales nos bastará por el momento la hipótesis de la existencia de materias especiales derivadas del metabolismo sexual. Esta concepción, aparentemente caprichosa, está apoyada por un conocimiento poco tenido en cuenta pero muy digno de que se le dé mayor importancia: aquellas neurosis que sólo pueden ser referidas a perturbaciones de la vida sexual muestran la mayor analogía clínica con los fenómenos de intoxicación y abstinencia, consecutivos a la ingestión habitual de materias tóxicas productoras de placer (alcaloides).

3

LA TEORÍA DE LA LIBIDO

Estas hipótesis sobre el fundamento químico de la excitación sexual se hallan de perfecto acuerdo con las representaciones auxiliares que hubimos de crear para llegar a la comprensión de las manifestaciones psíquicas de la vida sexual. Hemos fijado el concepto de la libido como una fuerza cuantitativamente variable, que nos permite medir los procesos y las transformaciones de la excitación sexual. Separamos esta libido, por su origen particular, de la energía en que deben basarse los procesos anímicos, y, por tanto, le atribuimos también un carácter cualitativo. En la distinción entre energías psíquicas libidinosas y otras de carácter distinto expresamos la suposición de que los procesos sexuales del organismo se diferencian, por un quimismo particular, de los procesos de la nutrición. El análisis de las perversiones y psiconeurosis nos ha llevado al conocimiento de que esta excitación sexual no es producida únicamente por los órganos llamados sexuales, sino por todos los del cuerpo. Construimos, por tanto, la idea de un libidoquantum, cuya representación psíquica denominamos «libido del yo» (ichlibido), y cuya producción, aumento, disminución, distribución y desplazamiento deben ofrecernos las posibilidades de explicación de los fenómenos psicosexuales observados.

Esta libido del yo no aparece cómodamente asequible al estudio analítico más que cuando ha encontrado su empleo psíquico en el revestimiento de objetos sexuales; esto es, cuando se ha convertido en «libido del objeto». La vemos entonces concentrarse en objetos, fijarse en ellos, o en ocasiones abandonándolos trasladándose de unos a otros, y dirigiendo desde estas posiciones la actividad sexual del individuo, que conduce a la satisfacción;

esto es, a la extensión parcial y temporal de la libido. El psicoanálisis de las llamadas neurosis de transferencia (histeria y neurosis obsesiva) nos permite hallar aquí un fijo y seguro conocimiento.

De los destinos de la libido del objeto podemos aún averiguar que es retirada de los objetos, quedando flotante en determinados estados de tensión, hasta recaer de nuevo en el yo, de manera a volver a convertirse en libido del yo. Esta libido del yo la denominamos, en oposición a la del objeto, libido «narcisista». Desde el psicoanálisis miramos como desde una frontera, cuya transgresión no nos está permitida, la actuación de la libido narcisista y nos formamos una idea de su relación con la del objeto. La libido del yo o libido narcisista aparece como una gran represa de la cual parten las corrientes de revestimiento del objeto y a la cual retornan. El revestimiento del yo por la libido narcisista se nos muestra como el estado original, que aparece en la primera infancia y es encubierto por las posteriores emanaciones de la libido, pero que en realidad permanece siempre latente detrás de las mismas.

La misión de una teoría de las perturbaciones neuróticas y psicóticas, fundada en el concepto de la libido, debe ser expresar todos los fenómenos y procesos observados en los términos de la economía de la misma. Es fácil adivinar que los destinos de la libido del yo alcanzarán en tal teoría la máxima importancia, especialmente en aquellos casos en que se trate de la explicación de las más profundas perturbaciones psicóticas. La dificultad aparece en el hecho de que el instrumento de nuestras investigaciones —el psicoanálisis—no nos proporciona, por lo pronto, datos seguros más que sobre las transformaciones de la libido del objeto, pero no es capaz de separar la libido del yo de las otras energías actuantes en el mismo. Una continuación de la teoría de la libido es en consecuencia sólo posible, por lo pronto, en un camino especulativo; pero sería renunciar a todo lo ganado por medio de la observación psicoanalítica si, conforme a lo expuesto por C. G. Jung, se huyese del concepto mismo de la libido, haciéndola coincidir con la fuerza instintiva psíquica.

La separación de las emociones instintivas sexuales de las demás y, por tanto, la limitación de las primeras del concepto de la libido, encuentra fuerte apoyo en la hipótesis antes discutida de un quimismo especial de la función sexual.

4

DIFERENCIACIÓN DE LOS SEXOS

Sabido es que hasta la pubertad no aparece una definida diferenciación entre el carácter masculino y el femenino, antítesis que influye más decisivamente que ninguna otra sobre el curso de la vida humana. Sin embargo, las disposiciones masculina y femenina resultan ya claramente reconocibles en la infancia. El desarrollo de los diques sexuales (pudor, repugnancia, compasión, etc.) aparece en las niñas más tempranamente y encontrando una resistencia menor que en los niños. Asimismo, es en las niñas mucho mayor la inclinación a la represión sexual, y cuando surgen en ellas instintos parciales de la sexualidad escogen con preferencia la forma pasiva. La actividad autoerótica de las zonas erógenas es en ambos sexos la misma, y por esta coincidencia falta en los años infantiles una diferenciación sexual tal y como aparece después de la pubertad. Con referencia a las manifestaciones sexuales autoeróticas y masturbaciones pudiera decirse que la sexualidad de las niñas tiene un absoluto carácter masculino, y si fuera posible atribuir un contenido más preciso a los conceptos «masculino» y «femenino», se podría también sentar la afirmación de que la libido es regularmente de naturaleza masculina, aparezca en el hombre o en la mujer e independientemente de su objeto, sea éste el hombre o la mujer.

Desde que llegamos al conocimiento de la teoría de la bisexualidad consideramos este factor como el que aquí ha de darnos la pauta, y opinamos que sin tener en cuenta la bisexualidad no podrá llegarse a la inteligencia de las manifestaciones sexuales observables en el hombre y en la mujer.

Zonas directivas en el hombre y en la mujer.— Sentado esto, sólo añadiremos las siguientes observaciones: en la niña, la zona erógena directiva es el clítoris, localización homóloga a la de la zona erógena directiva masculina en el glande. Todo lo que he podido investigar sobre la masturbación en las niñas se refería exclusivamente al clítoris y no a las otras partes de los genitales exteriores, importante para las funciones sexuales posteriores. Dudo que la niña, bajo la influencia de la seducción o de la corrupción, llegue a otra cosa que a la masturbación clitoridiana, y si esto sucede alguna vez, ello constituye una rara excepción.

Las descargas espontáneas de la excitación sexual, tan frecuentes en las niñas, se manifiestan en contracciones del clítoris, y las frecuentes erecciones del mismo hacen posible a la niña el juzgar acertadamente y sin indicación alguna exterior las manifestaciones sexuales del sexo contrario, transfiriendo simplemente al sexo masculino las sensaciones de sus propios procesos sexuales.

Si se quiere comprender la evolución que convierte a la niña en mujer tiene que seguirse el camino recorrido por esta excitabilidad del clítoris. La pubertad, que produce en el niño aquel grave avance de la libido de que ya tratamos, se caracteriza en la niña por una nueva ola de represión que recae precisamente sobre la sexualidad clitoridiana. Lo que sucumbe a la represión es un trozo de vida sexual masculina. La fortificación de los obstáculos sexuales creada por esta represión de la pubertad en la mujer constituye después un estímulo más para la libido del hombre y obliga a la misma a elevar sus rendimientos. Con el grado de la libido se eleva entonces también la sobrevaloración sexual, que recae con toda su fuerza en la mujer que se niega al hombre y rechaza su propia sexualidad. El clítoris conserva entonces el papel de cuando es excitado en el por fin consentido acto sexual, transmitir esta excitación a los órganos femeninos vecinos, así como una astilla de pino es utilizada para transmitir el fuego a la demás leña, más difícil de prender. Con frecuencia es necesario determinado tiempo para que llegue a verificarse por completo esta transferencia, y durante esta época la joven permanece totalmente anestésica. Esta anestesia puede ser duradera cuando la zona clitoridiana se niega a transmitir su excitabilidad, cosa que sucede cuando durante los años infantiles ha sido excesiva su actividad erógena. Conocido es que la anestesia en la mujer es, con frecuencia, sólo aparente y local. Son anestésicas en la entrada de la vagina, pero en ningún modo inexcitables en el clítoris y hasta en otras zonas. A estas causas erógenas de la anestesia se juntan después las psíquicas, igualmente determinadas por represión.

Cuando la transferencia de la excitabilidad erógena desde el clítoris a la entrada de la vagina queda establecida, ha cambiado la mujer la zona directiva de su posterior actividad sexual, mientras que el hombre conserva la suya sin cambio alguno desde la niñez. En este cambio de las zonas erógenas directivas así como en el avance represivo de la pubertad que, echa a un lado la virilidad infantil, yacen las condiciones principales para la facilidad de adquisición de la neurosis por la mujer, especialmente de la histeria.

Estas condiciones están ligadas, por tanto, íntimamente con la esencia de la femineidad.

5

EL HALLAZGO DE OBJETO

Mientras que por los procesos de la pubertad queda fijada la primacía de las zonas erógenas, y la erección del miembro viril indica apremiantemente al sujeto el nuevo fin sexual, esto es, la penetración en una cavidad excitadora de la zona genital, tiene lugar en los dominios psíquicos el hallazgo de objeto, momento que se ha venido preparando desde la más temprana niñez. Cuando la primitiva satisfacción sexual estaba aún ligada con la absorción de alimentos, el instinto sexual tenía en el pecho materno un objeto sexual exterior al cuerpo del niño. Este objeto sexual desaparece después, y quizá precisamente en la época en que fue posible para el niño construir la representación total de la persona a la cual pertenecía el órgano productor de satisfacción. El instinto sexual se hace en este momento autoerótico, hasta que, terminado el período de latencia, vuelve a formarse la relación primitiva. No sin gran fundamento ha llegado a ser la succión del niño del pecho de la madre modelo de toda relación erótica. El hallazgo de objeto no es realmente más que un retorno al pasado.

Objeto sexual de la época de lactancia.— De estas primeras y más importantes relaciones sexuales queda gran parte como resto, después de separada la actividad sexual, de la alimentación. Este resto prepara la elección del objeto; esto es, ayuda a volver a constituir la felicidad perdida. Durante todo el período de latencia aprende el niño a amar a las personas que satisfacen sus necesidades y le auxilian en su carencia de adaptación a la vida. Y aprende a amarlas conforme al modelo y como una continuación de sus relaciones de lactancia con la madre o la nodriza. Quizá no se quiera aceptar el hecho de que el tierno sentimiento y la estimación del niño hacia las personas que le cuidan haya de identificarse con el amor sexual; pero, en mi opinión, una investigación psicológica cuidadosa fijará siempre y sin dejar lugar a dudas esta identidad. La relación del niño con dichas personas es para él una inagotable fuente de excitación sexual y de satisfacción de las zonas erógenas. La madre, sobre todo, atiende al niño con sentimiento procedente de su propia vida sexual, y le acaricia, besa y mece tomándole claramente como sustitutivo de un completo objeto sexual.

La madre se horrorizaría probablemente al conocer esta explicación y ver que con su ternura despierta el instinto sexual de su hijo y prepara su posterior intensidad. Considera sus actos como manifestaciones de «puro» amor asexual, puesto que evita con todo cuidado excitar los genitales del niño más de los imprescindiblemente necesario al proceder a la higiene de su cuerpo. Pero el instinto sexual no es tan sólo despertado por excitaciones de la zona genital. Lo que llamamos ternura exteriorizará notablemente un día el efecto ejercido sobre las zonas erógenas. Si la madre comprendiera mejor la alta significación del instinto para la total vida psíquica y para todas las funciones éticas y anímicas, no se haría ningún reproche aun cuando admitiera totalmente nuestra concepción. Enseñando a amar a su hijo, no hace más que cumplir uno de sus deberes. El niño tiene que llegar a ser un hombre completo, con necesidades sexuales enérgicas, y llevar a cabo durante su vida todo aquello a lo que el instinto impulsa al hombre. Un exceso de ternura materna quizá sea perjudicial para el niño por acelerar su madurez sexual, acostumbrarle mal y hacerle incapaz, en posteriores épocas de su vida, de renunciar temporalmente al amor o contentarse con una pequeña parte de él. Los niños que demuestran ser insaciables en su demanda de ternura materna presentan con ello uno de los más claros síntomas de futura nerviosidad. Por otra parte, los padres neurópatas son, en general, los más inclinados a una ternura sin medida, despertando así en sus hijos, antes que nadie y por sus caricias, la disposición a posteriores enfermedades neuróticas. Vemos, pues, que los padres neuróticos disponen de un camino distinto de la herencia para legar a sus hijos su enfermedad.

Angustia infantil.— Los mismos niños se conducen desde sus años más tempranos como si su dependencia hacia las personas que los cuidan fuera de la naturaleza del amor sexual. La angustia de los niños no es, en un principio, más que una manifestación de que echan de menos la presencia de la persona querida. Así, experimentan miedo ante personas desconocidas y se asustan de la oscuridad porque en ella no ven a la persona amada, tranquilizándose cuando ésta les coge de la mano. Se exagera el efecto de los relatos terroríficos de las niñeras cuando se culpa a éstas de originar el miedo en los niños que tienen a su cuidado.

Aquellos niños inclinados a terrores infantiles son precisamente los que pueden ser influidos por tales relatos, que no ejercen, en cambio, acción alguna sobre aquellos otros no predispuestos. Y precisamente al miedo no se inclinan más que los niños que poseen un instinto sexual exagerado, desarrollado prematuramente o devenido exigente por un exceso de mimo. El niño se conduce aquí como el adulto, transformando en angustia su libido cuando no logra satisfacerla, así como el adulto se conducirá completamente igual que el niño cuando por insatisfacción de su libido haya llegado a contraer la neurosis, pues comenzará a angustiarse en cuanto esté solo; esto es, sin una persona de cuyo amor se crea seguro, e intentará hacer desaparecer este miedo por los procedimientos más infantiles.

Diques contra el incesto.— Cuando la ternura de los padres hacia el niño ha evitado felizmente desarrollar de una manera prematura el instinto sexual del mismo; esto es, despertarlo antes de alcanzadas las condiciones físicas de la pubertad, y despertarlo de tal manera, que la excitación anímica se abra paso hasta el sistema genital, puede acabar de cumplir su misión, dirigiendo a este niño en la edad de la madurez en la elección del objeto sexual. Lo más fácil para el niño será elegir, como objeto sexual, a aquellas mismas personas a las que ha amado y ama desde su niñez con una libido que podríamos calificar de mitigada. Mas por la avanzada época en que tiene lugar la maduración sexual se ha llegado al momento en que es necesario alzar; al lado de otros diques sexuales, los que han de oponerse a la tendencia al incesto; esto es, inculcar al niño aquellos preceptos morales que excluyen de la elección de objeto a las personas queridas durante la niñez y a los parientes consanguíneos. El respeto de estos límites es, ante todo, una exigencia civilizadora de la sociedad, que tiene que defenderse de la concentración, en la familia, de intereses que le son necesarios para la constitución de unidades sociales más elevadas, y actúa, por tanto, en todos, y especialmente en el adolescente, para desatar o aflojar los lazos contraídos en la niñez con la familia.

La elección de objeto es llevada a cabo al principio tan sólo imaginativamente, pues la vida sexual de la juventud en maduración tiene apenas otro campo de acción que el de las fantasías; esto es, el de las representaciones no destinadas a convertirse en actos.

En estas fantasías resurgen en todos los hombres las tendencias infantiles; fortificadas ahora por la energía somática, y entre ellas, con frecuencia, y en primer lugar, la impulsión sexual del niño hacia sus padres, diferenciada, en la mayoría de los casos, por la atracción de los sexos; esto es, del hijo por la madre y de la hija por el padre. Simultáneamente al vencimiento y repulsa de estas fantasías claramente incestuosas tiene lugar una de las reacciones psíquicas más importantes y también más dolorosas de la pubertad: la liberación del individuo de la autoridad de sus padres, por medio de la cual queda creada la contradicción de la nueva generación con respecto a la antigua, tan importante para el progreso de la civilización. En todas las estaciones del proceso evolutivo por las que el sujeto debe pasar quedan fijos algunos individuos, y así hay personas que no han vencido nunca la autoridad de los padres y no han conseguido retirar de ellos por completo o en absoluto su ternura. Estos casos están constituidos en su mayoría por muchachas que para alegría de sus padres conservan después de la pubertad todo su amor infantil hacia ellos. Y es muy instructivo comprobar que tales muchachas repugnan en su ulterior vida matrimonial conceder a sus maridos lo que les es debido. Llegan a ser esposas frías y permanecen sexualmente anestésicas. Esto nos muestra que el amor hacia los padres, aparentemente asexual, y el amor sexual proceden de las mismas fuentes; esto es, que el primero no corresponde más que a una fijación infantil de la libido.

Cuanto más se acerca uno a las hondas perturbaciones del desarrollo psicosexual, más innegable aparece la importancia de la elección de objeto incestuoso. En los psiconeuróticos queda relegada a lo inconsciente, a consecuencia de la repulsa sexual, una gran parte o la totalidad de las actividades psicosexuales de la elección de objeto. Para las muchachas de una exagerada necesidad de ternura y un horror igualmente exagerado ante las exigencias reales de la vida sexual, llega a ser una tentación irresistible asegurarse, por una parte, la idea del amor asexual en su vida y esconder, por otra, su libido detrás de una ternura que puedan exteriorizar sin autorreproches, conservando así, durante toda la vida, su inclinación infantil hacia los padres o hermanos, que volvió a surgir en ellas al llegar a la pubertad. El psicoanálisis puede demostrar sin trabajo alguno a estas personas que están enamoradas, en el sentido corriente de la palabra, de sus parientes consanguíneos, investigando sus pensamientos inconscientes y atrayéndolos a su consciencia con la ayuda de los síntomas y de otras manifestaciones de la enfermedad.

También en los casos en que una persona, primitivamente sana, ha enfermado después de una desgraciada experiencia erótica, puede verse claramente que el mecanismo de tal aparición de la enfermedad es el retorno de su libido a las personas que prefirió durante su infancia.

Influencia duradera de la elección infantil de objeto.— Tampoco aquellos que han evitado la fijación incestuosa de su libido puede decirse que han escapado por completo a la influencia de la misma. Un claro eco de esta fase evolutiva está constituido por el hecho de que, como suele ser muy frecuente, el primer amor del adolescente recaiga en una mujer ya madura, así como el de la muchacha en un hombre entrado en años y revestido de autoridad, o sea, en uno y otro sexo, personas que para el sujeto presentan analogía con la madre o el padre, respectivamente. La elección de objeto se verifica siempre más o menos libremente conforme a este patrón. Ante todo, busca el hombre, en su objeto sexual, la semejanza con aquella imagen de su madre que, en su más temprana edad, quedó impresa en su memoria. Aquellos casos en los que la madre, viva aún, ve con hostilidad la elección de objeto realizada por su hijo, constituyen una afirmación de nuestra hipótesis. Dada esta importancia de las relaciones infantiles con los padres para la posterior elección del objeto sexual, es fácil comprender que cada perturbación de estas relaciones infantiles origine después los más graves resultados para la vida sexual posterior a la pubertad. Los celos del amante no carecen tampoco nunca de una raíz infantil o, por lo menos, de algo infantil que eleva su intensidad. Las diferencias entre los mismos padres, los matrimonios desgraciados, producen en los hijos la más grave predisposición a un desarrollo sexual perturbado o a la adquisición de enfermedades neuróticas.

La inclinación infantil hacia los padres es quizá el más importante, pero no el único de los sentimientos, que, renovados en la pubertad, marcan después el camino a la elección de objeto. Otros factores del mismo origen permiten al hombre, siempre en relación con su infancia, desarrollar más de una única serie sexual y exigir muy diferentes condiciones para la elección de objeto.

Prevención de la inversión.— Uno de los requisitos de la elección normal de objeto es el de recaer precisamente en el sexo contrario. Como hemos visto, no llega a afectuarse así sin alguna vacilación.

Los primeros sentimientos subsiguientes a la pubertad aparecen —sin que ello constituya una falta duradera como totalmente erróneos. Dessoir ha llamado muy justificadamente la atención sobre la exagerada inclinación que aparece regularmente entre los adolescentes por sus compañeros del mismo sexo. El poder más importante entre los que se oponen a una inversión duradera del objeto sexual es, ciertamente, la atracción que manifiestan los caracteres sexuales opuestos, unos por otros. La explicación de este fenómeno no encuentra lugar apropiado dentro de nuestro estudio; pero sí haremos constar que tal atracción no alcanza por sí sola a excluir totalmente la inversión, siendo necesario que aparezcan otros factores auxiliares. Ante todo, el obstáculo autoritario de la sociedad. En aquellos países en que la inversión no es considerada como un delito, puede verse que corresponde por completo a la inclinación sexual de un considerable número de individuos. Además, debe aceptarse, con respecto al hombre, el hecho de que los recuerdos infantiles de las ternuras de la madre y de otras personas femeninas ayudan enérgicamente a dirigir su elección hacia la mujer y por otro lado; la restricción de las actividades sexuales tempranamente experimentada por parte del padre y la posición de competividad con respecto a él desvían al sujeto de las personas de su mismo sexo.

Ambos factores son valederos también con respecto a la muchacha, cuya actividad sexual se halla bajo la guarda especial de la madre. De esta manera se constituye una relación hostil con respecto al propio sexo, que influye decisivamente en la elección de objeto, orientándola hacia lo normal. La educación del niño por personas masculinas (en la antigüedad los esclavos) parece favorecer la homosexualidad. En la aristocracia contemporánea, la frecuencia de la inversión se hace comprensible por el empleo de servidumbre masculina y por la escasez de cuidados personales de que la madre hace objeto a sus hijos. En algunos histéricos ha podido demostrarse que la temprana desaparición de uno de los padres, por muerte o divorcio, motivando la acumulación de todo el amor del niño en la persona restante, fue la condición para el sexo de la persona elegida después como objeto sexual, haciendo posible así la inversión duradera.

SÍNTESIS

Ha llegado el momento de intentar resumir lo que he dicho. Partíamos desde las aberraciones del instinto sexual con relación a sus objetos y de sus fines y nos hallábamos frente al problema de si dichas aberraciones nacen de una disposición innata o son adquiridas a resultas de influencias de la vida. La solución de este problema nos fue dada por el conocimiento de las características del instinto sexual de los psiconeuróticos; esto es, de un numeroso grupo de hombres no muy apartados de los sanos. Este conocimiento lo adquirimos por medio del psicoanálisis, y hallamos que en tales personas pueden revelarse las tendencias a todas las perversiones como poderes inconscientes, que actúan en calidad de generadores de síntomas. Pudimos, pues, decir que la neurosis era el negativo de la perversión. Ante la gran difusión de las tendencias perversas se nos impuso la hipótesis de que la disposición a las perversiones era norma primitiva y general del instinto sexual humano, partiendo de la cual se desarrollaba la conducta normal sexual a consecuencia de transformaciones orgánicas y de inhibiciones psíquicas, aparecidas en el curso de la maduración. La disposición primitiva esperábamos poder hallarla en la infancia, y entre los poderes limitadores de la dirección del instinto sexual hicimos resaltar el pudor, la repugnancia, la compasión y las construcciones sociales de la moral y de la autoridad. De este modo, tuvimos que considerar en cada una de las aberraciones de la vida sexual normal algo de obstrucción del desarrollo y algo de infantilismo. Hicimos resaltar la importancia de las variantes de la disposición primitiva y aceptamos, entre ellas y las influencias de la vida, una relación cooperativa y no antitética. Por otro lado, nos aparecía el instinto sexual mismo, dado que la disposición primitiva tenía que ser compleja, como algo compuesto de muchos factores, que en las perversiones se separaban unos de otros. Las perversiones se demostraron así, por un lado, como inhibiciones y, por otro, como disociaciones del desarrollo normal, uniéndose ambas concepciones en la hipótesis de que el instinto sexual del adulto quedaba originado por la reunión de muy diversos impulsos de la vida infantil, en una unidad, en una tendencia, orientada hacia un solo y único fin.

Añadimos todavía una explicación del predominio de las inclinaciones perversas en los psiconeuróticos, reconociéndolo como un llenamiento colateral de canales accesorios por un desplazamiento del lecho de la corriente principal, originado por represión, y nos volvimos entonces hacia el examen de la vida sexual en la infancia. Encontramos muy de lamentar que se negara a la infancia el instinto sexual, considerándose las manifestaciones sexuales infantiles, tan frecuentemente observables, como fenómenos excepcionales. Nos parecía más bien que el niño trae consigo al mundo gérmenes de actividad sexual, y que ya en la absorción de alimentos goza accesoriamente de una satisfacción sexual, la cual intenta luego renovar de continuo con la conocidísima actividad de la succión.

La actividad sexual del niño no se desarrolla paralelamente a sus otras funciones, sino que después de un corto período de florecimiento, que se extiende desde el segundo al quinto año, entra en el llamado período de latencia. En el mismo no cesa de ningún modo la producción de la excitación sexual, sino que ésta sufre únicamente una detención, produciendo un acopio de energía, utilizado, en su mayor parte, para fines distintos de los sexuales; esto es, por un lado, para la cesión de componentes sexuales destinados a formar sentimientos sociales, y por otro, mediante la represión y la formación de reacciones, para la construcción de los posteriores diques sexuales. Así, pues, los poderes destinados a conservar en un determinado camino el instinto sexual son construidos en la infancia a costa de impulsos, en su mayor parte perversos, y con el auxilio de la educación. Otra parte de las emociones sexuales infantiles escapa a esta utilización, y puede exteriorizarse como una actividad sexual. Vimos después que la excitación sexual del niño proviene de muy diversas fuentes. Ante todo, se produciría una satisfacción por la excitación apropiada de las llamadas zonas erógenas, pudiendo funcionar como tales cada una de las partes de la piel y cada órgano de los sentidos —en realidad, todos y cada uno de los órganos—, mientras que existen determinadas zonas erógenas especiales, cuya excitación queda asegurada desde un principio por ciertos mecanismos orgánicos. Origínase, además, una excitación sexual, como producto accesorio, en una amplia serie de procesos orgánicos, en cuanto éstos alcanzan una determinada intensidad, y especialmente en todas las emociones intensas, aunque presenten un carácter penoso. Las excitaciones surgidas de todas estas fuentes no actuarían todavía conjuntamente, sino que cada una perseguiría su fin especial, limitado exclusivamente a la consecución de un determinado placer. Por consiguiente, en la niñez el instinto sexual no está unificado e inicialmente no tiene objeto, es decir es autoerótico.

Aun durante los años infantiles comenzaría a hacerse notar la zona erógena genital, produciendo, como toda otra zona erógena, una satisfacción ante una estimulación sensible apropiada u originándose de una manera no del todo comprensible, y simultáneamente a la satisfacción procedente de otras fuentes, una excitación sexual, relacionada especialmente con la zona genital. Hemos tenido que lamentar no poder alcanzar una explicación suficiente de las relaciones entre la satisfacción sexual y la excitación sexual, así como entre la actividad de la zona genital y la de las restantes fuentes de la sexualidad.

Por el estudio de las perturbaciones neuróticas hemos observado que la vida sexual infantil presenta desde un principio indicios de una organización de los componentes instintivos sexuales. En una primera fase, muy temprana, se halla en primer término el erotismo oral. Una segunda de estas organizaciones «progenitales» está caracterizada por el predominio del sadismo y del erotismo anal, y únicamente en una tercera fase es codeterminada la vida sexual por la participación de las zonas genitales propiamente dichas, desarrollándose en los niños solamente hasta alcanzar la primacía del falo.

[Adición de 1924.]

Hemos fijado después como uno de los resultados más sorprendentes de nuestra investigación el de que este primer florecimiento de la vida sexual infantil, entre los dos y los cinco años, muestra también una elección de objeto, con todas sus reacciones anímicas; de manera que la fase correspondiente, a pesar de la defectuosa síntesis de los componentes sexuales y de la inseguridad del fin sexual, debe estimarse como antecedente muy importante de la posterior organización sexual definitiva.

La división de dos períodos del desarrollo sexual del hombre, esto es, la interrupción de este desarrollo por la época de la latencia, nos parece digna de una especial atención, pues creemos que contiene una de las condiciones de la evolución del hombre hacia una civilización, pero también de su predisposición a las neurosis. En los animales más próximos al hombre no ha podido demostrarse, que yo sepa, nada análogo. La derivación del origen de esta cualidad humana habrá de buscarse en la historia primitiva del género humano.

No podemos decir qué cantidad de manifestaciones sexuales debe considerarse como normal y no perjudicial a un posterior desarrollo de la infancia. El carácter de las manifestaciones sexuales se manifiesta predominante como masturbación, y por experiencia admitimos, además, que las influencias exteriores la seducción o corrupción pueden hacer surgir interrupciones temporales del período de latencia y hasta traer consigo la total cesación del mismo, produciéndose el resultado de conservar en el niño un instinto sexual polimórficamente perverso. Vemos, asimismo, que esta prematura actividad sexual del niño influye sobre su educabilidad.

A pesar de lo fragmentario de nuestros conocimientos de la vida sexual infantil, tuvimos que intentar estudiar las transformaciones motivadas en ella por la aparición de la pubertad. Como las más importantes escogimos dos: la subordinación de todos los orígenes de excitación sexual bajo la primacía de las zonas genitales y el proceso del hallazgo de objeto.

Ambas han quedado ya predeterminadas en la infancia. La subordinación de las excitaciones sexuales se realiza por medio de un mecanismo, que utiliza el placer preliminar; de modo que los actos sexuales productores de placer y excitación, independientes hasta entonces unos de otros, se convierten en actos preparatorios del nuevo fin sexual —la descarga de los productos genitales—, cuya consecución, acompañada de intenso placer, pone fin a la excitación sexual. Hubimos de tener en cuenta, al ocuparnos de esta cuestión, la diferenciación del ser sexual en hombre y mujer, y encontrándonos que para la maduración femenina es necesaria una nueva represión, que hace desaparecer una parte de virilidad infantil y prepara a la mujer para el cambio de la zona genital directiva. Por último, encontramos dirigida la elección de objeto por la inclinación infantil del sujeto, renovada en la pubertad, hacia sus padres o guardadores, y orientada por la barrera puesta durante esta época, al incesto, hacia otras personas análogas a éstas, pero distintas de ellas. Añadamos, por último, que durante el período de transición de la pubertad marchan inconexos, pero unos junto a otros, los procesos evolutivos somáticos y psíquicos, hasta que con la aparición de una intensa emoción erótica psíquica, que produce la inervación de los genitales, queda constituida la unidad de la función erótica, normalmente necesaria.

Factores perturbadores del desarrollo.— Cada etapa de este largo período evolutivo puede convertirse en un punto de fijación, y cada junta de esta síntesis tan complicada, en motivo de disociación del instinto sexual, como ya hemos visto en el examen de diferentes ejemplos.

Quédanos sólo llevar a cabo un ligero examen de los diversos factores, internos y externos, perturbadores del desarrollo, y ver qué punto del mecanismo es atacado por la perturbación de ellos emanada. Estos factores, que expondremos seguidamente, no son, ni mucho menos, de un igual valor, y debemos estar preparados a las dificultades que surgirán al tratar de dar a cada uno de ellos la valoración correspondiente.

Constitución y herencia.— En primer lugar debemos citar aquí la innata diversidad de la constitución sexual, factor el más importante; pero que, como puede comprenderse, sólo es deducible de sus manifestaciones posteriores, y no siempre con seguridad. Bajo el concepto de diversidad innata de la constitución sexual nos representamos un predominio de esta o aquella fuente de excitación sexual y creemos que tal diversidad de las disposiciones tiene que exteriorizarse en el último resultado, aunque éste consiga mantenerse dentro de los límites de lo normal.

Cierto es que pueden sospecharse variaciones tales de la disposición original que necesariamente y sin ayuda ninguna conduzcan al desarrollo de una vida sexual anormal. Estas variaciones pueden denominarse degenerativas, y considerarse como manifestaciones de una degeneración heredada. Con respecto a esto debo hacer constar un hecho singular. En más de la mitad de los casos graves de histeria, neurosis obsesiva, etc., sometidos por mí a la Psicoterapia, he logrado hallar la prueba de que uno de los progenitores del sujeto había padecido antes del matrimonio una infección sifilítica; dato que me ha sido proporcionado ya por confesarme el sujeto que uno de sus ascendientes había padecido o padecía una tabes o una parálisis progresiva, ya de otro modo cualquiera en el curso de la anamnesis. Hago constar especialmente que los niños enfermos de neurosis por mí tratados no presentaban signo físico alguno de sífilis hereditaria; de manera que la constitución sexual anormal podía considerarse en ellos como la última ramificación de la herencia luética. De este modo, hallándome lejos de considerar como condición etiológica regular o indispensable para la constitución neuropática la sífilis de los progenitores, tengo de todas maneras que reconocer como muy importantes, y no sólo debidas a la casualidad las coincidencias por mí observadas.

Las circunstancias hereditarias de los perversos positivos son menos conocidas pues estos sujetos saben eludir la investigación. Está, sin embargo, justificado el aceptar que a las perversiones puede aplicarse algo análogo a lo que aplicamos a la neurosis. Con frecuencia encontramos la perversión y la psiconeurosis en la misma familia, y distribuidas de tal manera con respecto a los sexos, que los miembros masculinos o uno de ellos son perversos positivos, y, en cambio, los femeninos, correlativamente a la tendencia de su sexo a la represión, son perversos negativos o histéricos, cosa que constituye una buena prueba de las relaciones esenciales halladas por nosotros entre ambas perturbaciones.

Elaboración ulterior.— No puede, sin embargo, afirmarse que con la agregación de los diversos componentes de la constitución sexual quede inequívocamente determinado el carácter de la vida sexual. La condicionalidad continúa y aparecen otras posibilidades según el destino que corresponda a las diversas agregaciones de sexualidad, procedentes de cada una de las fuentes. Esta elaboración posterior es claramente el factor decisivo, mientras que una misma constitución puede conducir a tres resultados distintos:

a) Cuando todos los componentes se conservan en la interrelación aceptada como anormal y se fortifican con la maduración, el resultado final no puede ser más que una vida sexual perversa.

El análisis de tales disposiciones constitucionales anormales no ha sido llevado a cabo seriamente todavía, pero conocemos ya casos que encuentran fácilmente su explicación en esta hipótesis. Ciertos autores opinan, por ejemplo, que toda una serie de perversiones por fijación tiene como condición necesaria una debilidad innata del instinto sexual. En esta forma me parece inaceptable tal concepción, que se convierte, en cambio, en una hipótesis muy significativa cuando se refiere no a una debilidad innata del instinto sexual, sino a una debilidad constitucional de uno de los factores del mismo; esto es, de la zona genital, a la cual ha de corresponder más tarde la función de coordinar todas estas actividades sexuales aisladas a los fines de la procreación. Esta síntesis exigida en la pubertad tiene que fracasar en estos casos, y los más fuertes entre los demás componentes de la sexualidad conseguirán exteriorizarse como perversiones.

Represión.— b) Otro resultado final aparece cuando en el curso del desarrollo experimentan el proceso de represión algunos de los componentes de excesiva energía, debiendo tenerse en cuenta que este proceso de represión no corresponde por completo a una desaparición total de los elementos reprimidos. Los impulsos que sucumben a este proceso originándose; pero que un obstáculo psíquico les impide llegar hasta su fin rechazándolos hacia otros caminos, hasta que logran manifestarse en calidad de síntomas. El resultado puede ser una vida sexual aproximadamente normal —en general muy limitada—, pero que se completa por la enfermedad psiconeurótica. Precisamente estos casos nos han llegado a ser muy conocidos por la investigación psicoanalítica de los neuróticos. La vida sexual de tales personas ha empezado como la de los perversos, y una gran parte de su infancia está llena de actividades sexuales perversas que en ocasiones se extienden hasta llenar un gran período de la época de madurez. Posteriormente, y por causas internas (en la mayoría de los casos antes de la pubertad, pero en algunos bastante tiempo después), tiene lugar una transformación represiva, y desde este momento en el lugar de la perversión aparece la neurosis sin que por esto desaparezcan los antiguos sentimientos. Esto nos recuerda el refrán «Joven prostituta, vieja beata.» Pero lo que sucede es que la juventud ha sido aquí excesivamente corta. Tal solución de la perversión por la neurosis, en la vida de la misma persona, así como la distribución antes indicada de perversión y neurosis en diversas personas de la misma familia, debe considerarse relacionada con nuestro conocimiento de que la neurosis es el negativo de la perversión.

Sublimación.— c) El tercer desenlace a que puede llegar una disposición anormal se hace posible por el proceso de la sublimación, en el cual es proporcionada una derivación y una utilización, en campos distintos a las excitaciones de energía excesiva, procedentes de las diversas fuentes de la sexualidad; de manera que de la peligrosa disposición surge una elevación de la capacidad de rendimiento psíquico.

Hállase aquí, por supuesto, una de las fuentes de la actividad artística, y según que tal sublimación sea completa o incompleta, el análisis del carácter de personas de alta intelectualidad, y en especial de las que poseen aptitudes artísticas revelará con mayor o menor precisión esta relación mixta entre la capacidad de rendimiento, la perversión y la neurosis. Una especie de sublimación es también el dominio de los impulsos sexuales por medio de las formaciones reactivas, que tiene lugar al comienzo del período de latencia infantil y continúa durante toda la vida en los casos favorables. Lo que llamamos el «carácter» de un hombre está construido en gran parte con un material de excitaciones sexuales, y se compone de los instintos fijados desde la niñez, de construcciones dadas por sublimación y de aquellas construcciones destinadas al sometimiento efectivo de los impulsos perversos y reconocidos como inutilizables.

Así, pues, la disposición sexual general perversa de la infancia puede considerarse como la fuente de toda una serie de nuestras virtudes en cuanto da motivo a la creación de las mismas por la formación reactiva.

Sucesos accidentales.— Enfrente de los procesos de represión y sublimación, cuyas condiciones internas nos son totalmente desconocidas muestran menos significado e importancia todas las demás influencias. Aquel que considere la represión y la sublimación como partes integrantes de la disposición constitucional y exteriorizaciones de la misma, podrá afirmar desde luego, que la constitución definitiva de la vida sexual es, ante todo, el resultado de la constitución innata. Pero no se puede negar que en tal acción conjunta de factores puede también haber lugar para la influencia modificante de los sucesos vividos accidentalmente en la infancia y en las épocas posteriores a ella. No es fácil valorar la acción de los factores constitucionales y accidentales en su recíproca relación. En teoría existe una inclinación a exagerar la valoración de los primeros. La práctica terapéutica hace resaltar, en cambio, la importancia de los últimos. No deberá nunca olvidarse que entre unos y otros existe siempre una relación de cooperación y no de exclusión.

El factor constitucional debe esperar sucesos que le hagan entrar en acción, y el factor accidental necesita apoyarse en el constitucional para comenzar a actuar. En la mayoría de los casos debemos representarnos una serie de combinaciones «complementarias», en la cual la intensidad que se debilita en uno de los factores es equilibrada por la del otro, que aumenta en grado proporcional. Pero no tiene objeto ninguno negar la existencia de casos extremos en los puntos finales de la serie.

Conforme a la investigación psicoanalítica, debe atribuirse a los sucesos de la primera infancia un puesto principal entre los factores accidentales. Una de las series etiológicas se divide entonces en dos, que pueden denominarse, respectivamente; serie disposicional y serie definitiva. En la primera actúan la constitución y los sucesos accidentales de la misma manera conjunta que en la segunda la disposición y los posteriores sucesos traumáticos. Todos los factores perjudiciales para el desarrollo sexual exteriorizan su acción haciendo surgir una regresión: esto es, un retorno a una fase evolutiva anterior.

Continuaremos aquí nuestra labor de exponer los factores que hemos llegado a conocer como más influyentes en el desarrollo sexual, sea que representen poderes efectivos o simplemente manifestaciones de los mismos.

Madurez precoz.— Uno de tales factores es la precocidad sexual espontánea, que se revela invariablemente en la etiología de las neurosis, aunque, como todos los demás factores, no alcance tampoco por sí solo a constituir causa suficiente del proceso patológico. Se manifiesta en una interrupción, una abreviación o una supresión del período de latencia infantil, y ocasiona perturbaciones, provocando manifestaciones sexuales que, dado el débil desarrollo de las inhibiciones sexuales y el escaso desarrollo del sistema genital, no pueden presentar otro carácter que el de perversiones. Estas tendencias a la perversión pueden conservarse como tales, o devenir, tras de la aparición de represiones, fuerzas originantes de síntomas neuróticos. En todo caso, la temprana madurez sexual dificulta el dominio posterior del instinto sexual por las instancias psíquicas superiores y eleva el carácter obsesivo, inherente ya a las representaciones psíquicas del instinto.

La madurez sexual temprana aparece con frecuencia paralelamente a un desarrollo intelectual prematuro; circunstancias ambas que se encuentran unidas en la historia infantil de los individuos más eminentes, pareciendo, por tanto, no actuar tan patógenamente cuando aparecen juntas como cuando sólo tienen lugar la precoz maduración sexual.

Factores temporales.— También el factor tiempo reclama particular atención. La filogénesis parece haber fijado el orden en que han de ser activadas las diferentes tendencias y la duración de sus actividades hasta ser sustituidas por otras nuevas o sucumbir a una represión. Sin embargo, tanto en la sucesión como en la duración de estas tendencias existen variantes susceptibles de ejercer una influencia decisiva sobre el resultado final. No puede ser indiferente que una determinada corriente surja antes o después de la corriente antagónica correspondiente, pues los efectos de una represión no pueden ya anularse. La alteración del orden temporal en la síntesis de los componentes del instinto sexual se reflejará en una modificación del resultado. Por otra parte, el curso de aquellas tendencias que surgen con cierta intensidad puede ser de una rapidez sorprendente. Así sucede, por ejemplo, con la tendencia heterosexual de los futuros homosexuales manifiestos. Las tendencias infantiles, por muy violentas que parezcan, no justifican el temor de que puedan dominar duraderamente el carácter del adulto, y debe esperarse su desaparición y sustitución por sus contrarias '*Gestrenge Herren regieren nicht lange*' [«los tiranos suelen reinar poco tiempo»].

No podemos ni siquiera indicar de qué pueden depender tales perturbaciones temporales de los procesos evolutivos. Se abre aquí una visión sobre una falange de problemas biológicos y quizá históricos, a los que no nos hemos acercado aún lo suficiente para comenzar un combate.

Adherencia de las impresiones precoces.—La importancia de todas las manifestaciones sexuales precoces es acrecentada por la existencia de un factor psíquico de origen desconocido en el que no podemos ver por ahora más que un concepto psicológico provisional. Se trata de la adherencia o fijación prolongada de estas tempranas impresiones sexuales en los futuros neuróticos o perversos, pues en los demás individuos no llegan a ejercer una influencia suficiente para forzarlos obsesivamente a buscar su repetición y determinar para toda la vida la dirección de su instinto sexual. La explicación de esta adherencia estaría quizá en otro hecho psicológico, del que no es posible prescindir en la etiología de las neurosis. Nos referimos al predominio de las huellas mnémicas sobre las impresiones recientes. Este hecho psicológico depende, desde luego, del grado de desarrollo intelectual, y su importancia aumenta en razón directa de la cultura personal del sujeto. Inversamente, se dice que los salvajes son los «desdichados hijos del momento». A causa de la relación antagónica existente entre la civilización y el libre desarrollo de la sexualidad, relación cuyas consecuencias podemos perseguir hasta estratos muy profundos de la conformación de nuestra vida, la forma en que se haya desarrollado la vida sexual del niño entrañará máxima importancia para su existencia ulterior en las civilizaciones y capas sociales superiores, y será indiferente en las más bajas.

Fijación.— Los citados factores psíquicos influyen tan sólo sobre las excitaciones accidentales experimentadas por la sexualidad infantil. Tales excitaciones, y en primer lugar la seducción por otros niños o por adultos, aportan el material, que con ayuda de dichos factores puede quedar fijado en una perturbación duradera. Una buena parte de las desviaciones posteriores observables de la vida sexual normal ha sido fijada desde el principio en los perversos y en los neuróticos por impresiones del período infantil, aparentemente libre de toda sexualidad.

En la causación intervienen la constitución, la madurez temprana la intensidad de la adherencia y la casual excitación del instinto sexual por influencias exteriores.

El resultado, poco satisfactorio, de estas investigaciones sobre las perturbaciones de la vida sexual se debe a nuestra ignorancia de los procesos biológicos, que constituyen la esencia de la sexualidad, no siéndonos posible construir con los escasos datos que poseemos una teoría capaz de explicar suficientemente los caracteres, tanto normales como patológicos, de la actividad sexual.

Copyright © 2024 por Alicia Editions
Ilus. Portada : www.canva.com
https://fr.wikipedia.org/wiki/Sigmund_Freud#/media/Fichier:
Sigmund_Freud,_by_Max_Halberstadt_(cropped).jpg
Trad : Luis López Ballesteros
ISBN E-BOOK: 9782384553549
ISBN Paperback: 9782384553556
ISBN Hardcover: 9782384553563
Todos Los Derechos Reservados

www.ingramcontent.com/pod-product-compliance
Lightning Source LLC
LaVergne TN
LVHW032013070526
838202LV00059B/6427